Johannes Lichtenberg

Die **Macht** der

EMOTIONALEN INTELLIGENZ!

Menschen lesen und Gefühle verstehen - Wie du durch EQ deine Empathie erhöhst, Beziehungen verbesserst und Stress bewältigst.

Originale Erstausgabe März 2020
verlegt durch KR Publishing.

2. Auflage

Bibliografische Information der Deutschen Nationalbibliothek

Die Deutsche Nationalbibliothek verzeichnet diese Publikation in der Deutschen Nationalbibliografie, detaillierte bibliografische Daten sind im Internet unter https://portal.dnb.de abrufbar.

Druck/ Auslieferung: Amazon oder Tochtergesellschaft
Independently published

ISBN:
978-3-948593-11-7 [Taschenbuch]
978-3-948593-10-0 [ebook]

Inhalt

Vorwort

Können „dumme“ Menschen erfolgreicher im Leben, im Job oder in Beziehungen sein, weil sie emotional intelligenter sind als vermeintlich „schlaue“ Menschen?

Der IQ ist bei weitem nicht so wichtig, wie viele denken und nur die wenigsten Menschen kennen die Macht eines hohen EQs - also einer hohen emotionalen Intelligenz. Wer emotional intelligent ist, dem stehen Möglichkeiten und Chancen offen, von denen die meisten „Intelligenzbestien“ nicht einmal zu träumen wagen. Denn wer Menschen verstehen und lesen kann, der hat es im Leben deutlich einfacher.

Deshalb erfährst du in diesem Buch was den IQ vom EQ unterscheidet und wie du gezielt die Macht der emotionalen Intelligenz dafür nutzt um bessere Beziehungen zu führen, die Karriereleiter schneller empor zu klettern, Menschen besser zu verstehen, Manipulationen und Intrigen zu erkennen und vieles mehr. Verschaffe dir zudem einen Vorteil gegenüber deinen Mitmenschen und entwickle deinen EQ mit gezielten und simplen Techniken weiter, sodass du die Kontrolle über deine Emotionen und Gedanken erhältst.

Wenn du also schon immer wissen und lernen wolltest, wie du erfolgreicher im Leben wirst und wie du besser mit anderen Menschen umgehen kannst, ist dieses Buch genau das Richtige für dich.

Du wirst die Welt nach dem Lesen mit anderen Augen sehen.

Johannes Lichtenberg

Unser Geschenk an dich!

Vielen Dank für den Kauf von diesem Buch und deinem damit verbundenen Vertrauen in uns als Herausgeber und in Johannes Lichtenberg als Autor dieses großartigen Buchs. Das bedeutet uns wirklich viel, weshalb wir dir den Ratgeber „Habit Hacks - 10 unscheinbare Schlüssel Gewohnheiten, die dein Leben verändern," als Download schenken - vollkommen gratis! Zudem möchten wir dir die Möglichkeit eines direkten Austauschs mit dem Autor anbieten. So kannst du z.B. deine Fragen, dein Feedback oder deine Anregungen Johannes zukommen lassen - eine tolle Möglichkeit für die Kommunikation zwischen Leser und Autor!

Diese kleinen und unscheinbaren Schlüssel Gewohnheiten verändern dein Leben - erfahre:

- ✓ wie eine kleine Veränderung beim Duschen deine Disziplin stärkt und dir einen Energiekick verschafft...
- ✓ wie eine Prise Salz dir einen Kickstart am Morgen verschaffen kann...
- ✓ wie eine kleine Einstellung an deinem Smartphone & Computer deinen Schlaf verbessert...
- ✓ und noch weitere geniale und unscheinbare Habit Hacks!

Wenn du bereit bist, dein Leben mit einigen simplen Habit Hacks auf das nächste Level zu bringen, dann schaue am Ende nach deinem persönlichen Zugang.

Kapitel 1: Intelligenz

Den Begriff Intelligenz verwenden wir umgangssprachlich häufig - und häufig falsch. Damit wir uns später ausführlich mit der emotionalen Intelligenz befassen können, müssen wir uns zunächst der Intelligenz im Allgemeinen und im herkömmlichen Sinne widmen. Aus diesem Grund dreht sich im ersten Kapitel dieses Buches alles um die Intelligenz, deren Definition und die verschiedenen Arten, die wir heute unterscheiden.

Was ist Intelligenz überhaupt?

Bis heute gibt es keine einheitliche Definition für Intelligenz. Verschiedene Intelligenzforscher vertreten unterschiedliche Ansichten darüber, was Intelligenz eigentlich ist und was sie auszeichnet. Sieht man sich die Wortherkunft an, ergibt sich eine recht einfache und greifbare Definition. Intelligenz stammt vom Lateinischen "intellegere" ab, was in etwa "verstehen" bedeutet. Demnach wäre die Intelligenz vor allem mit einer guten Auffassungsgabe und der Fähigkeit, in unbekannten Situationen schnell Verständnis zu erlangen, verbunden. Zusätzlich oder stattdessen sehen manche Forscher die Lerngeschwindigkeit, die Logik, die Fähigkeit zur effizienten Problemlösung und andere Kompetenzen als ausschlaggebende Faktoren in Bezug auf die Intelligenz an. Manchmal wird sogar das Allgemeinwissen hinzugezogen. Anstatt an dieser Stelle weiter auf die schier unzähligen verschiedenen Ansichten hinsichtlich der Intelligenz und ihrer Bedeutung einzugehen, kürzen wir ab und fassen zusammen: Intelligenz umfassend und allgemeingültig zu definieren, ist bis dato nicht möglich. Die einzig vertretbare Antwort auf die Frage, was Intelligenz ist, lautet daher: Intelligenz ist als Sammelbegriff für verschiedene intellektuelle Fähigkeiten zu verstehen und kann, je nach Kontext und individuellem Verständnis, unterschiedliche Formen annehmen.

Drei Schichten der Intelligenz - das CHC Modell

Dass keine einheitliche Definition existiert, bedeutet nicht, dass es keine Ansätze dafür gibt, die Essenz der Intelligenz auf den Punkt zu bringen und deren Bedeutung zu fassen zu bekommen. Die wohl bekannteste und am breitesten akzeptierte Herangehensweise richtet sich nach dem sogenannten CHC Modell, das die Intelligenz in drei Schichten begreift. Das Modell ist nach seinen maßgeblich beteiligten Entwicklern, Bernard Cattell, John L. Horn und John B. Carroll, benannt und beruht auf der Analyse von fast 500 Studien zum Thema.

Der G-Faktor - die allgemeine Intelligenz

1920 stellte der Psychologe Charles Spearman eine interessante und für das CHC Modell bedeutende Beobachtung an. Er entdeckte eine Korrelation zwischen den Leistungen von Schülern in unterschiedlichen Schulfächern. Schüler, die in einem Fach besonders gute Leistungen erzielten, tendierten dazu, auch im Großteil der übrigen Fächer überdurchschnittlich gut abzuschneiden. Um seine Beobachtung zu überprüfen, führte er Intelligenztests mit verschiedenen Modulen an einer Gruppe Probanden durch - mit bestätigendem Ergebnis. Daraus resultierte die Annahme, dass ein Zusammenhang zwischen den unterschiedlichen Fähigkeitssparten einer Person besteht, der vermutlich in einer kognitiven Fähigkeit besteht, die sich positiv auf die Leistungen in sämtlichen Bereichen auswirkt. Eben diese Fähigkeit wird als allgemeine Intelligenz oder Generalfaktor der Intelligenz, kurz G-Faktor, bezeichnet. Weiterführende Untersuchungen mehrerer Forscher brachten zutage, dass bis zu 80 % des G-Faktors vererbt wird, wobei die Größe einiger Hirnlappen und die Dicke des Cortex eine Rolle spielen.

Der fluide und der kristalline G-Faktor

Der ererbte Anteil am G-Faktor wird fluider G-Faktor genannt. Hinzu kommt der sogenannte kristalline G-Faktor. Dabei handelt es sich um den erworbenen Anteil. Der G-Faktor wird also zu einem gewissen Teil von den Erfahrungen, die man im Laufe seines Lebens macht, beeinflusst. Während der kristalline G-Faktor bei manchen Menschen lediglich 20 % ausmacht, kann sein Anteil unter Umständen bis zu 60 % betragen. Im letztgenannten Fall liegt der Anteil des fluiden, also ererbten, G-Faktors dann nur noch bei 40 %.

Die drei Schichten

Im CHC Modell bildet der G-Faktor die dritte Schicht. Trotz der bestehenden Allgemeinintelligenz, besitzen Menschen individuelle spezifische Fähigkeiten auf unterschiedlichen Gebieten, die zwar vom G-Faktor beeinflusst werden, aber über diesen hinaus gehen. Diese fallen in die zweite Schicht des Modells, die heute meist acht Faktoren berücksichtigt:

1	Gf	Schlussfolgerungsfähigkeit / Fähigkeit, Schlüsse aus neu erworbenem Wissen (eventuell verknüpft mit bereits vorhandenem Wissen) zu ziehen
2	Gc	Verständnis von bereits erworbenem Wissen
3	Gy	Gedächtnisleistung / Fähigkeit, sich Dinge zu merken und sich zu erinnern
4	Gv	Verarbeitung und Analyse visueller Reize, Mustererkennung und Visualisierung
5	Gu	Verarbeitung und Analyse auditiver Reize, Hörvermögen und Sprachverständnis

6	Gr	Abrufgeschwindigkeit / Geschwindigkeit, in der vorhandenes Wissen abgerufen werden kann
7	Gs	Erfassungsgeschwindigkeit und Geschwindigkeit bei der Formulierung von Erkenntnissen
8	Gt	Reaktionsgeschwindigkeit in Bezug auf bewusste Reaktionen auf Reize

Die dritte Schicht setzt sich wiederum aus untergeordneten Fähigkeiten der zehn Faktoren der zweiten Schicht zusammen. Das CHC Modell ist ein Versuch, die Intelligenz vielschichtig zu betrachten und so möglichst umfangreich zu erfassen. Heute gilt es als anerkanntestes und empirisch repräsentativstes Intelligenzmodell der Welt.

Der IQ - die messbare Intelligenz

Der Intelligenzquotient, kurz IQ, ist die gängige Kerngröße zur Messung von Intelligenz. Er kann sich entweder auf den G-Faktor oder auf spezielle Kompetenzen oder Kompetenzgruppen, die nach dem CHC Modell in die zweite Schicht fallen würden, beziehen und gewinnt seine Aussagekraft durch den stetigen Bezug auf eine Referenzgruppe. Dabei wird ein IQ von 100 immer als Durchschnittswert berücksichtigt. Die Referenzgruppe muss zum jeweiligen Absolventen des Intelligenztests passen, um repräsentativ zu sein. Aus diesem Grund wird sie immer von Menschen desselben Alters und Geschlechts gebildet. Die Ergebnisse werden wie folgt interpretiert:

IQ < 70	Geistige Behinderung
IQ 70 - 84	Intelligenz liegt ***unter*** dem Durchschnitt
IQ 85 - 115	Intelligenz ***entspricht*** dem Durchschnitt
IQ 116 - 130	Intelligenz liegt ***über*** dem Durchschnitt
IQ > 130	Hochbegabung

Wie aussagekräftig ein Intelligenztest und dessen Ergebnis ist, hängt immer vom Test selbst ab. Damit eine möglichst hohe Aussagekraft erreicht werden kann, muss dieser gewisse Kriterien erfüllen. So darf sich dessen Bearbeitung beispielsweise nur sehr geringfügig von tagesformabhängigen Faktoren, wie Aufregung oder Müdigkeit, beeinflussen lassen.

"Im besten Fall scheint der IQ etwa 20 % der Faktoren auszumachen, die den Erfolg bestimmen."

- David Goleman -

Außerdem dürfen sich die einzelnen Aufgaben nicht durch raten lösen lassen und sämtliche Absolventen müssen zum Ablegen des Tests dieselben Bedingungen vorfinden. Ist das alles gegeben, lässt der IQ durchaus Rückschlüsse auf die Intelligenz des Absolventen zu. Dennoch wird er immer wieder scharf kritisiert - schon alleine deshalb, weil sich Intelligenz, wie du weißt, nicht eindeutig definieren lässt. Intelligenztests stehen daher immer auf einem Fundament, das je nach Betrachter sehr wacklig sein kann.

Die acht Arten der Intelligenz

Generell unterscheiden wir acht Arten von Intelligenz, die sich auf unterschiedliche Bereiche beziehen. Die Intelligenz in den einzelnen Bereichen ist bei jedem Menschen verschieden stark ausgeprägt und kann dabei sowohl ererbt als auch erworben sein. Sprich: Zum Teil sind die Intelligenzen angeboren, zum Teil können sie erworben und durch Übung ausgefeilt werden.

1. Die logisch-mathematische Intelligenz

Zur logisch-mathematischen Intelligenz gehören die Fähigkeiten, Probleme und Sachlagen logisch zu analysieren, wissenschaftliche Fragen durch Einsatz der Logik zu klären und mathematische Fragestellungen zu lösen. Menschen, die über eine hohe logisch-mathematische Intelligenz verfügen, glänzen in der Schule in den Fächern Mathematik und Physik und haben oftmals eine Vorliebe für Naturwissenschaften. Sie betrachten Sachverhalte gerne auf logischer Ebene und haben kaum Schwierigkeiten, emotionale Einflüsse in diesem Zuge außen vor zu lassen. Ihre Kompetenzen können sie beispielsweise ideal als Programmierer einsetzen.

2. Die verbal-linguistische Intelligenz

Verbal-linguistisch intelligente Personen haben ein ausgesprochen gutes Sprachgefühl, können intuitiv mit Worten umgehen und erlernen neue Sprachen vergleichsweise schnell. Sie besitzen eine gewisse Sensibilität in Bezug auf die Sprache und können diese geschickt zu ihrem Vorteil einsetzen. Sprachlich-stilistische Feinheiten fallen ihnen auf und sie sind oft begabte Geschichtenerzähler, denen man stundenlang zuhören kann. Schriftsteller, Journalisten und Redner profitieren selbstverständlich von einer hohen sprachlich-linguistischen Intelligenz, aber auch Rechtsanwälte, Lehrer und Verkäufer können diesbezügliche Fähigkeiten nutzen, um in ihrem Beruf zum Erfolg zu gelangen.

3. Die räumlich-mechanische Intelligenz

Die räumlich-mechanische Intelligenz bezieht sich auf die räumliche Wahrnehmung und die Ausführung von Tätigkeiten, in denen begrenzte oder sehr große Räume fein eingeschätzt und genutzt werden müssen. Menschen, die ein hohes Potenzial auf diesem Gebiet besitzen, können sich Dinge, zum Beispiel Gebäude, räumlich vorstellen und haben keine Schwierigkeiten, Abstände und Strecken vergleichsweise genau abzuschätzen. Im Alltag zeigen sie sich beispielsweise besonders talentiert, was das Einparken betrifft. Die Chirurgie, die Bildhauerei und die Architektur sind Beispiele für Berufsfelder, in denen räumlich-mechanisch intelligente Menschen gut aufgehoben sind. Aber auch Piloten und Seefahrer profitieren von dieser Form der Intelligenz.

4. Die körperlich-kinästhetische Intelligenz

Du weißt instinktiv, wie du deinen Körper zur Problemlösung einsetzen kannst oder kannst deine Gefühle und Gedanken besonders gut über deine Körperbewegungen zum Ausdruck bringen? Dann verfügst du vermutlich über eine ordentliche Portion körperlich-kinästhetische Intelligenz. Diese kannst du beispielsweise als Sportler, Tänzer oder Schauspieler nutzen sowie in technischen Berufen, die handwerkliches und somit auch körperliches Geschick erfordern, einsetzen.

5. Die musikalisch-rhythmische Intelligenz

Wer umgangssprachlich den Rhythmus im Blut hat, ist musikalisch-rhythmisch intelligent. Derart befähigte Menschen lernen das Spielen von Instrumenten im Handumdrehen, interessieren sich für musikalische Prinzipien, die sie problemlos verstehen können, und haben ein Gespür für den Klang von Instrumenten, weshalb sie als Komponisten Erfolge feiern können. Oftmals sind sie zudem gute Sänger, die die Töne intuitiv treffen und falsche Töne sofort erkennen.

6. Die naturalistische Intelligenz

Naturalistisch intelligente Personen halten sich gerne in der Natur auf, beobachten und interessieren sich für Naturphänomene. In Gegenwart von Tieren fühlen sie sich besonders wohl und Aufenthalte in der Natur geben ihnen Kraft. Kinder, die diese Form der Intelligenz in hohem Maße besitzen, lernen schnell, verschiedene Pflanzen und Tiere voneinander zu unterscheiden und geben sich nicht mit Überbegriffen, wie "Baum", zufrieden, sondern wollen ganz genau wissen, mit welchen Arten von Pflanzen und Lebewesen sie es zu tun haben. Die naturalistische Intelligenz lässt sich unter anderem in den Berufsfeldern Tiermedizin, Botanik, Meteorologie und Landschaftsgärtnerei einsetzen. Da die Umwelt naturalistisch intelligenten Menschen am Herzen liegt, setzen sie sich häufig mit Herzblut für den Umwelt- und Tierschutz ein.

7. Die spirituelle Intelligenz

An etwas Höheres glauben, hinter die Fassade blicken, Antworten auf die existenziellen Fragen der Menschheit finden und für Unerklärliches offen sein - das alles fällt Menschen mit einer ausgeprägten spirituellen Intelligenz vergleichsweise leicht. Sie entwickeln im Laufe ihres Lebens meist einen tiefen Glauben, den sie voll und ganz leben und der ihnen Halt gibt. Sie sind in der Lage, sich in verschiedene spirituelle Ansichten und Ansätze hineinzudenken und weigern sich, ihre irdische Existenz und das, was sie rein logisch erfassen können, als zu 100 % biologisch erklärbar anzusehen. Sie sind äußerst empfänglich für potenziell übernatürliche Ereignisse und können ihren Weg im Einklang mit ihrer Begabung beispielsweise als Theologe, spiritueller Coach oder Seelsorger gehen.

8. Die emotionale Intelligenz

Zu guter Letzt ist da die emotionale Intelligenz, mit der sich dieses Buch hauptsächlich beschäftigt. Emotional intelligente Menschen können ihre eigenen Emotionen sowie die anderer leicht erkennen, einordnen und verstehen und sich gefühlsmäßig hervorragend in ihre Mitmenschen hineinversetzen. Sie besitzen ein Gespür für emotionale Schwankungen und können die Emotionslage in einem Raum manchmal schon einschätzen, wenn sie diesen betreten. Ihre Spezialität ist es, Gefühle und zwischenmenschliche Beziehungen schnell und richtig zu erfassen und ihr Handeln danach auszurichten. Personen, die mit viel emotionaler Intelligenz ausgestattet sind, können in sozialen Berufen von ihren Fähigkeiten Gebrauch machen. Mitunter bieten sich die Berufe Sozialpädagoge, Psychologe, Erzieher, Krankenpfleger oder Heilerziehungspfleger an.

Du siehst: Es ist nicht so einfach zu beurteilen, ob und inwiefern jemand intelligent ist. Jugendliche, die laufend schlechte Zensuren mit nach Hause bringen, sind folglich nicht zwangsläufig wenig intelligent. Sie verfügen möglicherweise sogar über sehr viel Intelligenz, aber eben auf Gebieten, die in der schulischen Laufbahn kaum eine Rolle spielen. Heute wissen wir besser als je zuvor, dass Intelligenz viele Gesichter hat und das ganz klassische Mathegenie nicht unbedingt die intelligenteste Person im Raum sein muss. Dass manche Arten der Intelligenz anderen gesellschaftlich vorgezogen werden, ist dabei jedoch bittere Realität. Das bedeutet aber nicht, dass nicht jede Intelligenz ihren eigenen Wert besitzt und dem damit ausgestatteten Menschen in der ein oder anderen Weise von Nutzen sein kann.

Das Wichtigste in Kürze

✓ Intelligenz ist als Sammelbegriff für verschiedene intellektuelle Fähigkeiten zu verstehen und kann, je nach Kontext und individuellem Verständnis, unterschiedliche Formen annehmen.

✓ Das weltweit anerkannteste Modell zur Erfassung von Intelligenz ist das CHC Modell.

✓ Die Kerngröße der Intelligenz ist der IQ. Die Messung erfolgt durch Tests, wobei vergleichsweise stets ein Durchschnittswert von 100 herangezogen wird.

✓ Grundsätzlich werden acht Arten der Intelligenz unterschieden, von denen nur die Wenigsten bei der IQ-Messung berücksichtigt werden. Neben der logisch-mathematischen Intelligenz, kennen wir die verbal-linguistische Intelligenz, die räumlich-mechanische und die körperlich-kinästhetische Intelligenz, die musikalisch-rhythmische Intelligenz, die naturalistische und die spirituelle Intelligenz sowie die emotionale Intelligenz.

Kapitel 2: Die emotionale Intelligenz - eine Einführung

Die emotionale Intelligenz ist wohl die Art der Intelligenz, die heute mit am meisten Aufmerksamkeit erfährt. Kompetenzen, die ihr zugeordnet werden, werden dabei vor allem in der Berufswelt zunehmend geschätzt. Dieses Kapitel gibt dir einen ersten Einblick in die Geschichte und Begriffsentwicklung der emotionalen Intelligenz und beinhaltet außerdem einige Vokabeln, die du zum Verständnis des weiterführendes Texts kennen solltest.

Eine kurze Geschichte der emotionalen Intelligenz

Die Suche nach einer Definition für Intelligenz und deren Arten hat eine lange Tradition und ist, wie du weißt, bis heute nicht abgeschlossen. 1920 schrieb der Psychologe Edward Lee Thorndike eine Definition nieder, die wegweisend für die spätere Entwicklung des Begriffs "emotionale Intelligenz" war. Er definierte drei Arten der Intelligenz: die akademische, die praktische und die soziale Intelligenz. Unter sozialer Intelligenz verstand Thorndike die Fähigkeit, andere Menschen zu verstehen und in zwischenmenschlichen Situationen clever zu handeln. In den folgenden Jahrzehnten wurden weitere Umschreibungen für soziale Intelligenz verfasst und die Theorie einer sozialen Komponente der Intelligenz nahm nach und nach Gestalt an. Doch erst deutlich später, nämlich 1993, begann sich ein Trend in Richtung emotionale Intelligenz abzuzeichnen. Damals formulierte der US-amerikanische Erziehungswissenschaftler und Professor der Psychologie Howard Gardner seine Theorie der multiplen Intelligenzen. Im Rahmen seiner Abhandlung benannte er die intrapersonale Intelligenz als Fähigkeit, die eigenen Emotionen wahrnehmen, differenzieren und einordnen zu können, und die interpersonale Intelligenz, die das Erkennen und Reagieren auf die Emotionen anderer betrifft. In der Kombination stellen intra- und interpersonale Intelligenz nah Gardner also in etwa das dar, was wir heute unter emotionaler Intelligenz verstehen. Der Begriff emotionale Intelligenz wurde 1995 mit der Veröf fentlichung des Buches "EQ - Emotionale Intelligenz" von dem Psychologen und Wissenschaftsjournalisten David Goleman in den Fokus der Öffentlichkeit gerückt. Bis heute scheint die emotionale Intelligenz untrennbar mit Goleman verbunden zu sein, weshalb wir uns sein Konzept zum Thema in Kapitel 6 im Detail ansehen.

Soziale vs. emotionale Intelligenz - Unterschiede und Gemeinsamkeiten

Nun kann man sich natürlich fragen, ob es überhaupt einen Unterschied zwischen sozialer und emotionaler Intelligenz gibt. Schließlich stammt die emotionale Intelligenz gewissermaßen von der sozialen Intelligenz ab. Vorab: Einen Unterschied gibt es, weshalb die Begriffe emotionale und soziale Intelligenz keinesfalls synonym verwendet werden können. Doch worin liegt dieser Unterschied? Um dieser Frage auf den Grund zu gehen, wagen wir uns an jeweils vereinfachte Definitionen beider Begrifflichkeiten:

Soziale Intelligenz

Die soziale Intelligenz beschreibt **Kompetenzen im Umgang** mit anderen Menschen, im Aufbau und Erhalt zwischenmenschlicher Beziehungen und in der zwischenmenschlichen Kommunikation. Sozial intelligente Menschen sind demnach besonders kontaktfreudig sowie kommunikativ und besitzen die Fähigkeit, adäquat auf verschiedene Individuen ein- und mit ihnen umzugehen.

Emotionale Intelligenz

Die emotionale Intelligenz umfasst Kompetenzen, die sich auf die **Erfassung und das Verständnis menschlicher Emotionen** beziehen. Emotional intelligente Personen haben ein Gespür für ihre eigenen Gefühle und für die Gefühle anderer. Sie können diese Emotionen einordnen und wissen, wie sie angemessen darauf reagieren können.

Während sich die soziale Intelligenz also hauptsächlich auf den Umgang mit anderen Personen beschränkt, setzt die emotionale Intelligenz den Schwerpunkt auf die Emotionen - und zwar die eigenen sowie die anderer. Ein Zusammenhang besteht insofern, dass ein adäquater zwischenmenschlicher Umgang ein gewisses Gespür für die Emotionslage des Gegenübers voraussetzt. Sozial intelligente Menschen müssen also emotional intelligente Kompetenzen besitzen und Personen mit einem hohen Maß an emotionaler Intelligenz zeigen sich in aller Regel auch sozial intelligent. Rein begrifflich ist beides aber dennoch klar voneinander zu trennen.

Der EQ - der Emotionsquotient als Erfolgsquotient

EQ ist, wie sich eigentlich von selbst versteht, eine Ableitung des IQs. Der Emotionsquotient wurde erstmals von Goleman erwähnt und stellt eine Kerngröße für die Messung der emotionalen Intelligenz dar. Oftmals wird EQ aber als Erfolgsquotient, anstatt als Emotionsquotient verstanden. Dies liegt unter anderem daran, dass Goleman nicht nur "EQ - Emotionale Intelligenz", sondern auch "EQ^2 - der Erfolgsquotient" verfasste. Tatsächlich lässt sich eine recht gerade Verbindungslinie zwischen emotionaler Intelligenz und Erfolg ziehen. Heute ist bekannt, dass emotional intelligente Personen potenziell beruflich erfolgreicher sind, als Menschen, denen es an emotionaler Intelligenz fehlt. Das gilt vor allem für Berufe, in denen der Kontakt zu Menschen an der Tagesordnung steht. Verkäufer profitieren davon, den interessierten Kunden emotional einschätzen und entsprechend auf ihn eingehen zu können und emotional intelligente Führungskräfte wissen, wie sie ihre Mitarbeiter motivieren können. Andersherum hilft emotionale Intelligenz aber auch dabei, das eigene Wohlbefinden zu verbessern und somit die Grundvoraussetzung für alle weiteren Schritte Richtung Erfolg zu schaffen. Wer sich wohl fühlen, ein zufriedenes Leben führen und Bestleistungen erzielen möchte, muss ein gewisses Verständnis für seine eigenen Gefühle besitzen und wissen, wie er auf gesunde Weise mit ihnen umgehen kann. Es ist also gar nicht so falsch, den Emotionsquotienten als Erfolgsquotienten zu bezeichnen.

Mit genügend emotionaler Intelligenz lassen sich die Weichen schließlich deutlich leichter und nachhaltiger auf Erfolg stellen.

Vokabular - die wichtigsten Begriffe

Nachfolgend werden einige Begriffe erklärt, die in diesem Buche eine Rolle spielen. Wenn du im Verlauf also mit einem Wort konfrontiert wirst, dessen Bedeutung dir nicht klar ist, kannst du es hier nachschlagen.

✓ Amygdala

Die Amygdala ist ein Kerngebiet des menschlichen Gehirns, das zum limbischen System gehört. Sie ist mitunter zentral an der Analyse potenzieller Gefahren, der Wahrnehmung affektiver Empfindungen und der emotionalen Bewertung verschiedener Situationen beteiligt. Da sie paarweise existiert, wird manchmal auch in der Mehrzahl von ihr gesprochen.

✓ Big-Five

Big Five, auch Fünf-Faktoren-Modell (FFM) genannt, ist ein psychologisches Persönlichkeitsmodell, demzufolge die Persönlichkeit jedes Menschen in fünf Hauptdimensionen unterteilt werden kann. Diese Dimensionen sind Aufgeschlossenheit, Geselligkeit, Gewissenhaftigkeit, Verträglichkeit und Neurotizismus.

✓ Borderline Persönlichkeitsstörung

Die Borderline Persönlichkeitsstörung (BPS) ist eine psychische Erkrankung, die zu den emotional instabilen Persönlichkeitsstörungen gehört.

✓ EI

EI ist die Abkürzung für emotionale Intelligenz.

✓ EQ / EQ²

Wird im Folgenden EQ verwendet, ist die Rede vom Emotionsquotienten. EQ^2 steht hingegen für den Erfolgsquotienten. Beide Kürzel wurden von David Goleman eingeführt.

✓ Hochsensibilität

Die Hochsensibilität ist eine Eigenschaft, die sich auf die sensorische Verarbeitungsfähigkeit bezieht. Hochsensible Menschen nehmen beispielsweise auch subtile Reize deutlich wahr und haben daher oftmals unter Überreizungen zu leiden. Das Konstrukt geht auf die Psychologin Elaine N. Aron zurück, die das zugehörige und heute weltweit anerkannte Standardwerk zum Thema verfasst hat.

✓ Mimik / mimisch

Bewegungen, die sich im Gesicht abspielen, werden unter dem Sammelbegriff Mimik zusammengefasst. Mimisch sind solche Bewegungen aber nur, wenn sie keinem zielgerichteten Zweck dienen. Das Kauen zählt so zum Beispiel nicht zur Mimik.

✓ Narzissmus

Narzisstische Menschen gelten allgemeinhin als selbstverliebt, überheblich und Ich-bezogen. Sie nehmen wenig Rücksicht auf die Gefühle und Wünsche anderer und denken vorwiegend an ihre eigenen Bedürfnisse, die sie selbst als besonders wichtig einstufen. Der Begriff des "Narzissmus" geht auf die Geschichte des "Narziss" aus der griechischen Mythologie zurück.

✓ Reliabilität

Die Reliabilität beschreibt die Zuverlässigkeit und die formale Genauigkeit eines wissenschaftlichen Tests oder Versuchs.

✓ Thalamus

Der Thalamus ist ein Bereich des menschlichen Gehirns, der den größten Teil des Zwischenhirns bildet und umgangssprachlich "Tor zum Bewusstsein" genannt wird.

Das Wichtigste in Kürze

- ✓ Die emotionale Intelligenz wurde 1995 durch die Veröffentlichung von David Golemans Buch "EQ - Emotionale Intelligenz" in den Fokus der öffentlichen Aufmerksamkeit gerückt

- ✓ Soziale und emotionale Intelligenz sind nicht dasselbe, begünstigen sich aber gegenseitig und hängen teils stark voneinander ab.

- ✓ Emotionale Intelligenz wird in der Kerngröße EQ - als Abwandlung des IQs - angegeben.

- ✓ Beobachtungen zeigen, dass Menschen mit hohem EQ potenziell erfolgreicher sind, weshalb EQ manchmal die Bedeutung "Erfolgsquotient" innehat.

Kapitel 3: Emotionen - das Herzstück der emotionalen Intelligenz

Wer keine Ahnung von der Bedeutung der emotionalen Intelligenz hat, wird, wenn er den Begriff hört, dennoch sofort schlussfolgern, dass die Emotionen hier einen zentralen Platz einnehmen. Es ist daher unverzichtbar, dass wir uns im Rahmen dieses Buches intensiv mit den menschlichen Emotionen auseinandersetzen. Im Laufe dieses Kapitels lernst du unter anderem die Grundemotionen kennen und erfährst, welchen Zweck Emotionen erfüllen und welche kulturellen Unterschiede es gibt.

Emotionen vs. Gefühle

Umgangssprachlich kennen die meisten Menschen keinen Unterschied zwischen Emotionen und Gefühlen. Tatsächlich ist den Wenigsten überhaupt klar, dass es einen bedeutenden Unterschied gibt. Emotionen und Gefühle basieren auf Urinstinkten. Sie tauchen mehr oder weniger unwillkürlich auf und entstehen als Reaktion auf äußere Reize. Nur ein sehr kleiner Teil der Emotionen wird aber zum Gefühl. Stelle dir zur Veranschaulichung eine kleine Pflanze vor. Über dem Erdboden sind nur drei winzige Blätter zu sehen, die Wurzeln unter der Erde reichen aber mehrere Meter tief. In diesem Fall stellen die Wurzeln die Emotionen dar, die Blätter sind die Gefühle. Eine Emotion wird erst dann zum Gefühl, wenn sie uns bewusst wird. Damit eine Emotion zum Gefühl wird, muss sie daher die äußere Hirnrinde erreichen. Das bedeutet, dass ein Gefühl die Folge einer Emotion ist. Erst wenn die Emotion durch die Wurzel in die Blätter dringt, wird sie bewusst wahrgenommen und somit zum Gefühl. Heute gehen wir davon aus, dass bis zu 95 % der Emotionen unbewusst bleiben. Sie schaffen es nie an die Erdoberfläche, also ins Bewusstsein. Wir reagieren körperlich darauf, was sich unter anderem in den Mikroexpressionen, den kleinsten und dezentesten Teilen der Mimik, widerspiegelt. Während sich Gefühle mit etwas Übung teilweise unterdrücken lassen, ist das bei Emotionen nicht möglich. Auch wenn du dir ihrer nicht bewusst bist, sind sie da, genau wie die Wurzeln existieren, auch wenn ein Spaziergänger nur die Blätter der Pflanze sieht.

Aber warum bleiben die meisten Emotionen im Unterbewusstsein? Das hat im Grunde schlicht und einfach mit der Ausrichtung des Körpers auf das Überleben zu tun. In jeder Sekunde strömen zahlreiche äußere Reize auf den Körper ein, die über die Sinne wahrgenommen werden. Würden wir jeden einzelnen Reiz bewusst wahrnehmen, würde dies zu einer immensen Überforderung führen. Wir wären so damit beschäftigt, uns mit unseren Emotionen zu befassen, dass wir nichts anderes mehr tun könnten. Damit wir also schlafen, gehen, sprechen und uns um die Nahrungsbeschaffung und -aufnahme kümmern können, muss das Filtersystem unseres Organismus den Großteil der Reize und unserer körperlichen, spontanen Reaktionen darauf vom Bewusstsein fernhalten. Du kannst dir das wie ein sehr engmaschiges Netz um deinen gesamten Körper vorstellen. Das Netz ist viel zu dünn, um dich komplett abzuschirmen. Alle Reize werden trotz des Netzes von deinem Körper wahrgenommen. Nur die Reize, die als bedeutend eingestuft werden, können sich aber durch die engen Maschen quetschen und schließlich in dein Bewusstsein gelangen. Der Rest hat dich zwar erreicht, wurde in erster Instanz aber als vergleichsweise unwichtig eingestuft und bleibt daher im Netz hängen.

Während Emotionen schnell auftauchen und genauso schnell wieder verschwinden, besitzen Gefühle häufig eine dauerhaftere Qualität. Logisch: Schließlich setzt das Gefühl voraus, dass man es wahrnimmt und gegebenenfalls darüber nachdenkt. Es ist das, was von einer starken Emotion, die ins Bewusstsein vorgedrungen ist, übrig bleibt. Entsprechend ist die Emotion, die quasi als Alarm dient, deutlich intensiver, als das Gefühl, das andauert und zur Verarbeitung bleibt beziehungsweise darauf wartet, dass wir uns mit ihm auseinandersetzen.

Es braucht allerdings nicht immer ein Gefühl, um uns zum Handeln zu veranlassen. Wir reagieren ständig ganz unbewusst auf Emotionen. Das ist deshalb notwendig, weil es - aus der Sicht unseres Körpers, der auf das Überleben getrimmt ist - schon zu spät sein könnte, wenn wir darauf warten würden, dass aus der Emotion ein Gefühl wird.

Kurzum: Eine Emotion ist eine mentale Reaktion auf äußere Reize, die nicht kontrolliert werden kann. Ein Gefühl ist eine Emotion, die es ins Bewusstsein geschafft hat. Wenn du also spürst, dass du traurig bist, ist deine Trauer ein Gefühl. Du kannst in deinem Handeln aber auch von traurigen Emotionen beeinflusst sein, ohne die Trauer bewusst wahrzunehmen. Der Einfachheit halber schließen wir uns im weiterführenden Text dieses Buches dennoch der umgangssprachlichen Verwendung an und nutzen die Worte Emotion und Gefühl nahezu synonym.

Die sieben Grundemotionen

Schon Darwin vermutete, dass der Mensch mit einer Palette von Emotionen geboren wird, die sich überall auf der Welt in denselben körperlichen Reaktionen äußern - ganz unabhängig von der individuellen Kultur und von den Erfahrungen, die man im Laufe seines Lebens macht. Bis Ende der 60er Jahre vertraten die meisten Forscher dennoch die Ansicht, dass ein und derselbe Mensch in verschiedenen Momenten unterschiedlich auf dieselbe Emotion reagiert, dass verschiedene Menschen unterschiedlich auf dieselbe Emotion reagieren und dass der Kontext in Bezug auf das körperliche Erscheinungsbild einer Emotion stets eine große Rolle spielt. Diese Ansicht wurde von dem US-amerikanischen Anthropologen und Psychologen Paul Ekman widerlegt. Ekman bereiste sämtliche Kontinente mehrfach mit forscherischer Absicht und konnte schließlich beweisen, dass es sieben Grundemotionen gibt, die sich überall auf der Welt und ganz unabhängig vom Kontext in den gleichen mimischen Reaktionen zeigen. Seine Erkenntnisse stellte er mit Besuchen bei Eingeborenenstämmen auf die Probe. Das verblüffende Ergebnis: Selbst Menschen, die abgeschieden leben und ihr Leben lang keinen Kontakt zu Personen außerhalb ihres Stammes hatten, reagierten mimisch identisch auf die sieben Emotionen, die seither als Grundemotionen angesehen werden. Die Rede ist von...

...Angst

Angst ist die wohl ursprünglichste und tiefgreifendste Emotion, die wir Menschen kennen und erleben. Sie ist es, die das Überleben in erster Linie sichert. Ohne Angst, hätte sich die menschliche Rasse niemals bis heute weiterentwickeln können. Wenn du Angst hast, passieren automatisch verschiedene Dinge in deinem Körper. Der Herzschlag wird schneller, sodass mehr Blut durch den Körper gepumpt wird, das vor allem im Gehirn landet. Außerdem beschleunigt sich die Atmung und versorgt das Hirn somit mit einer Extraportion Sauerstoff. Somit kannst du besser und schneller nachdenken. Zeitgleich werden Adrenalin und Noradrenalin freigesetzt. Die Hormone dienen als spontane Kraftreserve und befähigen dich dazu, dich mit aller Kraft zu verteidigen oder auf dem schnellsten Weg zu fliehen.

Ist einem wortwörtlich "die Angst ins Gesicht geschrieben", reißt man die Augen auf, wobei sich vor allem die Unterlider anspannen, zieht die Mundwinkel zurück und die Augenbrauen nach oben und innen. In der Mitte der Stirn bilden sich dadurch unverkennbare Falten.

...Wut

Die Wut ist eine Emotion, die uns oftmals Dinge tun lässt, die wir später bereuen. Sie veranlasst uns dazu, extrem schnell zu reagieren - ohne nachzudenken und ohne die möglichen Konsequenzen unseres Handelns zu bedenken. Reize werden im Gehirn über den Thalamus an die Amygdala und die Großhirnrinde weitergeleitet. In Situationen, in denen du keiner großen Wut ausgesetzt bist, kontrolliert die Großhirnrinde deine Amygdala. Sie schafft eine gewisse Distanz, damit du nachdenken kannst, bevor du reagierst. Bist du aber extrem wütend, hat die Großhirnrinde keine Chance. Die Amygdala sind einfach schneller und hängen das "Kontrollsystem Großhirnrinde" ab. Du reagierst, bevor du darüber nachdenken kannst, ob deine Reaktion überhaupt angemessen ist.

Mimisch äußert sich die Wut in zusammengepressten Lippen, gesenkten Augenbrauen und angespannten Unterlidern. Die Nasenflügel weiten sich und zwischen den Augenbrauen zeigen sich tiefe vertikale Falten.

...Freude

Freude empfinden wir, wenn unser Belohnungszentrum im Mittelhirn Glückshormone ausschüttet. Hauptsächlich geht es hier um Dopamin und Endorphine. Wir fühlen uns beschwingt, leicht und glücklich und haben in diesem einen Moment manchmal den Eindruck, dass wir uns für immer so fühlen werden - auch wenn das natürlich nicht der Fall ist. Sobald der Spiegel an Glückshormonen im Blut sinkt, lässt auch das intensive Glücksgefühl nach.

Wer Freude erfährt, lächelt breit und zeigt dabei meist die Zähne. Dadurch entstehen Falten unterhalb der Wangen. Durch das Anheben der Wangen werden die Augen zudem kleiner und es zeigen sich die bekannten Lachfältchen an den Außenseiten der Augenpartie.

...Trauer

Wo es Freude gibt, gibt es von Zeit zu Zeit auch Trauer. Die Trauer wird von den meisten Menschen als sehr schweres und besonders belastendes Gefühl beschrieben. Kurzfristig kann es in Verbindung mit der Trauer zu Kurzatmigkeit, Herzrasen und Muskelschwäche kommen, auf lange Sicht sind zahlreiche mehr oder weniger schwerwiegende Begleitsymptome, wie Schlafstörungen, chronische Erschöpfung und Depressionen, möglich. Traurige Menschen weinen häufig, ziehen sich zurück und isolieren sich von Freunden und Angehörigen. Je nach Auslöser, dauert es unterschiedlich lange, die Trauer zu „verdauen".

Die Mimik des Trauernden zeichnet sich durch leicht nach unten hängende Mundwinkel und angehobene innere Augenbrauen aus. Der Blick ist meist ins Leere gerichtet, auf der Stirn können sich leichte Falten zeigen.

...Überraschung

Eine Überraschung kann positiver oder negativer Natur sein. Der Körper bereitet sich daher auf den schlimmsten Fall vor. In einer Art Überreaktion beginnt das Herz deutlich schneller zu schlagen, der Puls steigt und die Atemfrequenz erhöht sich. Der Körper ist quasi erschrocken darüber, dass er das jeweils Überraschende nicht hat kommen sehen und will dieses Versäumnis schnell nachholen. Deshalb klopft dir das Herz selbst dann bis zum Hals, wenn die Überraschung absolut erfreulich ist.

Ein überraschtes Gesicht ist an weit aufgerissenen Augen, stark nach oben gezogenen Augenbrauen, Falten auf der Stirn und einem leicht geöffneten Mund mit völlig entspannten Lippen zu erkennen.

...Ekel

Fragt man fünf Menschen, die sich nicht mit der Thematik auskennen, nach den grundlegendsten menschlichen Emotionen, würde der Ekel vermutlich nur von einem oder zwei der Befragten genannt werden. Im Vergleich zu Angst, Wut, Trauer und Freude, scheint er zu verblassen. Tatsächlich ist es für uns Menschen aber wichtig, dass wir uns instinktiv ekeln können. So hält uns die Emotion beispielsweise davon ab, verdorbenes Essen zu konsumieren. Verbunden ist sie mit vergleichsweise wenigen körperlichen Reaktionen. Sehr starke Ekelgefühle können jedoch Schweißausbrüche und sogar Ohnmachtsanfälle verursachen.

Wer sich ekelt, zieht die Oberlippe nach oben und zur Mitte hin zusammen, rümpft die Nase, hebt die Wangen an und kneift die Augen zu schmalen Spalten zusammen, sodass eine tiefe horizontale Falte auf der Nasenwurzel entsteht.

...Verachtung

Die Verachtung gehörte, wie auch die Überraschung, ursprünglich nicht zu den Grundemotionen nach Ekman. Diese beiden Emotionen wurden der Liste erst mit einer zeitlichen Verzögerung hinzugefügt.

Das dürfte vor allem daran liegen, dass sie vergleichsweise selten zu sehen sind.

Ein einseitig hochgezogener Mundwinkel alleine oder gepaart mit einer leicht angehobenen Augenbraue spricht für Verachtung.

Weitere Emotionen - von Anspannung bis Verzweiflung

Natürlich geht das Repertoire an menschlichen Emotionen weit über die sieben Grundemotionen hinaus. Manche lassen sich dabei grob den Grundemotionen zuordnen, manche scheinen ganz unabhängig von diesen für sich zu stehen. Die weiteren Emotionen, die nachfolgend jeweils kurz beschrieben werden, unterscheiden sich insofern von den Grundemotionen, dass sie sich bei verschiedenen Menschen unterschiedlich äußern. Die Liste ist keinesfalls vollständig und dient daher nicht als Überblick über sämtliche menschliche Emotionen, sondern lediglich als Einblick, der dir deren große Bandbreite näherbringen soll.

✓ Anspannung

Anspannung kann aus verschiedenen Gründen entstehen. Oftmals fühlt man sich angespannt, wenn man vor einer Herausforderung oder unter Stress steht. Anspannung ist an und für sich lediglich das Gegenteil von Entspannung. Wer also nicht entspannt ist, ist angespannt.

✓ Aufregung

Aufregung kann etwas sehr schönes und geradezu belebendes sein, aber auch so weit gehen, dass sie zu Übelkeit und Schwindel führt.

✓ Bedauern

Das Bedauern kann sich auf etwas eigenverschuldetes beziehen, aber auch unabhängig davon gefühlt werden. Du kannst also etwas bedauern, obwohl du keinen Einfluss darauf hast und hattest.

✓ Behaglichkeit

Dort, wo du dich sicher und wohl fühlst, ist dir normalerweise auch behaglich zumute.

✓ Beruhigung

Wir fühlen uns beruhigt, wenn sich die Aufregung gelegt oder eine Sorge als unnötig erwiesen hat.

✓ Dankbarkeit

Wenn uns Gutes widerfährt, verspüren wir Dankbarkeit.

✓ Eifersucht

Die Eifersucht ist eine mächtige Emotion, die so stark werden kann, dass sie sämtliche anderen Empfindungen überschattet. Sie wird zumeist in Bezug auf Personen empfunden und zwar dann, wenn ein rationaler oder irrationaler Verlust deren Liebe oder Aufmerksamkeit, begründet durch andere Personen oder Beschäftigungen, droht. In gewisser Weise ist die Eifersucht zumeist mit Angst verbunden.

✓ Einsamkeit

Menschen, die eine soziale Interaktion vermissen, fühlen sich einsam.

✓ Euphorie

Euphorie kann als Steigerung der Freude bezeichnet werden und äußert sich in einem enorm intensiven Glücksgefühl.

✓ Frust

Wenn die Dinge nicht so laufen, wie wir uns das vorstellen, fühlen wir uns frustriert.

✓ Hilflosigkeit

Hilflos fühlt sich, wer mit einer Situation nicht zurecht kommt und nicht weiß, wie er sie meistern soll. Dabei hat er das Gefühl, keinen um Hilfe bitten zu können oder keine Person zu kennen, die im speziellen Fall helfen könnte.

✓ Hunger

Hunger ist ein ganz ursprüngliches Gefühl, das sich stark körperlich bemerkbar macht. Wenn du hungrig bist, knurrt dein Magen, du bekommst Kopfschmerzen, dir wird schwindlig und du kannst sogar ohnmächtig werden.

✓ Krankheit

Wenn Körper und/oder Psyche nicht wie gewohnt funktionieren und sich belastende Symptome einstellen, fühlen wir uns krank.

✓ Langeweile

Wer unterfordert ist und nicht weiß, was er tun soll, verspürt Langeweile.

✓ Motivation

Nach anregenden Reden, aufmunternden Worten und inspirierendem Input jeglicher Form fühlst du dich motiviert. Die Motivation bezieht sich dabei darauf, etwas bestimmtes zu tun.

✓ Müdigkeit

Schwindet deine Energie, fühlst du dich müde. Die Müdigkeit kann entweder physisch oder psychisch begründet sein.

✓ Panik

Panik ist gewissermaßen die Steigerung von Angst.

✓ Sattheit

Sattheit ist die Abwesenheit von Hunger.

✓ Stress

Stress spielt heutzutage eine bedeutende Rolle im Leben der meisten Menschen. Wenn zu wenig Zeit auf zu viele Aufgaben trifft, entsteht Stress.

✓ Überforderung

Hat man mehr zu tun, als man bewältigen kann oder übersteigen die Anforderungen die persönlichen Fähigkeiten, fühlt man sich überfordert.

✓ Ungeduld

Ungeduld ist in der Regel mit Warten verbunden. Wer auf etwas wartet und dessen Eintreten dabei nicht erwarten kann, ist ungeduldig.

✓ Verliebtheit

Die Verliebtheit ist ein unverkennbares Gefühl, das dir sicher ein Begriff ist. Empfindet man Zuneigung zu einem anderen Menschen und hat dabei das allgemeinhin bekannte "Kribbeln im Bauch", ist man verliebt.

✓ Verzweiflung

Die Verzweiflung ist eine sehr tiefgreifende Emotion, die sich oftmals aus Angst und Trauer, aber auch aus Wut und Hilflosigkeit zusammensetzt. Wer keinen Ausweg mehr sieht, ist verzweifelt.

Sinn und Zweck: Wozu sind Emotionen da?

Bei der Beschreibung der Grundemotionen zu Beginn dieses Kapitels wurde bereits einiges über den Sinn und Zweck der ein oder anderen Emotion verraten. Du weißt also schon, dass Emotionen nicht grundlos existieren, sondern durchaus von Nutzen sind. Ganz ursprünglich tragen sie dazu bei, das Überleben des Menschen zu sichern. Sie sind daher mit körperlichen Reaktionen verknüpft, die dem Menschen das Überleben in der jeweils emotional eingeschätzten Situation ermöglichen sollen. Sehr greifbar wird dies am Beispiel der Angst. Die Emotion Angst führt dazu, dass der Körper Energieressourcen bereitstellt, die zum Kampf oder zur Flucht genutzt werden können. Andere Emotionen erinnern uns daran, unsere Grundbedürfnisse zu stillen. Der Hunger zeigt dir, dass du etwas essen musst und die Müdigkeit weist dich auf den benötigten Schlaf hin. Natürlich ist nicht jede Emotion so elementar nützlich wie die Angst oder der Hunger. Dennoch haben alle Emotionen ihre Daseinsberechtigung, da dein Körper dir mit jeder Emotion etwas sagen möchte. Deine Emotionen geben dir Hinweise bezüglich deiner momentanen Situation, deiner Bedürfnisse und deiner Wünsche. Sie helfen dir dabei, Geschehnisse zu bewerten und angemessen darauf zu reagieren. Entsprechend ist ein gutes Gespür für deine Emotionen nicht nur deinem Überleben zuträglich, sondern auch deinem Wohlbefinden und deinem Erfolg in den verschiedensten Lebenssituationen.

Negative und positive Emotionen

Es gibt Emotionen, die von den meisten Menschen ganz grundsätzlich als positiv oder negativ eingestuft werden. So werden Angst, Trauer, Hilflosigkeit und Krankheit als negativ bewertet, während Freude, Verliebtheit und Beruhigung positiv anmuten. Ganz so einfach ist die Bewertung von Emotionen aber nicht. Schließlich erfüllen auch die scheinbar negativen Gefühlsregungen einen Zweck und sind somit eigentlich positiv. Hunger mag sich negativ anfühlen, erinnert dich aber an die dringend notwendige Nahrungsaufnahme und wirkt sich daher langfristig positiv auf dich aus. Würdest du keinen Hunger verspüren, würdest du vermutlich zu wenig essen, deine Gesundheit würde abnehmen und du wärst in kritischen Situationen nicht in der Lage, optimal zu reagieren. Tatsächlich ist also keine Emotion durchweg negativ, auch wenn sie im jeweiligen Moment als negativ empfunden wird.

Denken, Fühlen, Handeln - wie Emotionen uns beeinflussen

Ist die Rede von Emotionen, dürfen diese nicht nur alleinstehend betrachtet werden, sondern müssen auch ins "große Ganze" eingesetzt und im Zusammenhang mit dem Denken und dem Handel betrachtet werden. Schließlich wirken sich Emotionen so gut wie immer in irgendeiner Weise aus. Erinnere dich einmal an den Physikunterricht. Ein physikalischer Grundsatz besagt, dass Energie nicht verloren geht, sondern sich lediglich umwandelt. Aus Bewegungsenergie kann beispielsweise Wärmeenergie werden, die Energie ist aber nicht weg, nur weil die Bewegung endet. Stattdessen erwärmt sich etwas mit genau dieser Energie. Ganz ähnlich ist es mit Emotionen. Die Emotion als Reaktionsimpuls auf Reize verschwindet nicht, ohne ihre "Energie" an weiterführende Prozesse abzugeben. Genau wie aus Bewegung Wärme wird, wird aus einer Emotion ein Gedanke und aus einem Gedanken eine Handlung. Der Wärme ist es letztendlich egal, ob die für sie benötigte Energie aus einer Bewegung oder einer Spannung kommt.

Im Gegensatz dazu wirkt sich die Art der Emotion maßgeblich auf den Gedanken und die Handlung aus. Gefühl, Gedanke und Handlung sind untrennbar miteinander verbunden. Ein Beispiel: Du bist wütend, also denkst du nicht "mein Smartphone klingelt" sondern "Warum zum Teufel klingelt mein verdammtes Smartphone schon wieder?" und du gehst nicht ran, sondern wirfst das Smartphone auf den Boden. Oder du gehst deinem Lieblingshobby nach, denkst "Ich habe großen Spaß" und empfindest in der Folge Freude. Oder aber du denkst "Das ist aber traurig", beschwörst dadurch Trauer herauf und weinst. Du kannst dir Gefühle, Gedanken und Handeln als drei Perlen vorstellen. Das Gefühl ist blau, der Gedanke gelb und das Handeln rot. Steht das Gefühl am Anfang der Kette, färbt sich der davon beeinflusste Gedanke grün und das darauffolgende Handeln ist lilafarben mit Grünstich. Egal in welcher Reihenfolge du die Perlen aufreihst - die Farbe der zweiten Perle wird immer von der der ersten beeinflusst und die Farben der ersten und zweiten Perle färben auf die dritte ab.

Kulturelle Unterschiede - Emotionen weltweit

Zwar stimmen die mimischen Ausdrücke der Grundemotionen weltweit überein, das damit verbundene Empfinden, die Bewertung der Emotionen und das Verhältnis zu ihnen unterscheidet sich aber von Kultur zu Kultur und ist somit kulturell geprägt. Welche mimischen Regungen sich beim Fühlen der Grundemotionen auf unseren Gesichtern zeigen, ist demnach genetisch verankert, wie wir mit Emotionen umgehen und wie wir diese deuten, wird dagegen erlernt - und das beginnt schon im Säuglingsalter. Je nachdem, wie sich die Personen in unserem Umfeld verhalten, welche Emotionen sie zeigen und wie sie auf unsere Emotionen reagieren, entwickelt sich unsere ganz persönliche Emotionskultur in unterschiedliche Richtungen. Entsprechend existieren in manchen Kulturen Wörter für Emotionen, die in anderen Teilen der Welt gar nicht bekannt sind. Japaner kennen zum Beispiel das Wort "amae", das für die Emotion steht, die man empfindet, wenn man jemanden um einen Gefallen bittet, der eigentlich zu groß ist, dabei aber weiß, dass dieser der Bitte nachkommen wird. In Portugal kennt dagegen jeder die Emotion "Saudade", die eine bitter-süße, sehnsüchtige Melancholie beschreibt. Diese Emotionen nehmen in der jeweiligen Kultur einen höheren Stellenwert ein, weshalb die Notwendigkeit eines eigenen Begriffs besteht. Hierzulande sind sie dagegen eher unbekannt, werden selten zum Thema und wenig intensiv erlebt, sodass wir nicht einmal ein Wort dafür haben. Auch das Ausmaß, in dem wir Emotionen offen zeigen, hängt vom Kulturkreis ab.

Wir Deutschen sind bekannt dafür, uns gerne zu beschweren und unserem Ärger somit Luft zu machen, während sich Japaner kaum offen ärgern, dafür aber alltäglich ungehemmte Scham zum Ausdruck bringen. In Deutschland wird die Scham für gewöhnlich mit Reue in Verbindung gebracht. Wer sich schämt, hat offenbar etwas getan, das er besser hätte lassen sollen. In Japan bedeutet Scham jedoch, dass der jeweilige Mensch seine Umwelt und deren Bedürfnisse aufmerksam wahrnimmt und bedauert, nicht besser und exakter auf diese eingehen zu können. In den westlichen Ländern richten wir unsere Emotionen in der Regel nach uns selbst aus, in Asien konzentrieren sie sich hingegen hauptsächlich auf die Mitmenschen. Du siehst: Die Wahrnehmung und das Verständnis von Emotionen variieren von Kultur zu Kultur.

Geschlechtsspezifische Unterschiede

Frauen werden gerne als das "emotionale Geschlecht" bezeichnet, was bedeuten würde, dass Männer das "nichtemotionale Geschlecht" sind. Doch gibt es tatsächlich einen geschlechterspezifischen Unterschied im Hinblick auf Emotionen? Auch wenn verschiedene Studien die Thematik unter unterschiedlichen Gesichtspunkten untersucht haben, besteht bis heute kein realistischer Grund, relevante geschlechterspezifische Unterschiede zu vermuten. So wie es emotional offene Männer gibt, gibt es emotional sehr zurückhaltende Frauen. Die Karikaturen von der hysterischen, sich ohne Rücksicht auf ihre Umwelt auslassenden oder aber Hals über Kopf verliebten und ständig schwärmenden Frau und des stoischen, scheinbar emotionslosen Mannes sind nichts weiter als das - eben Karikaturen, die mehr der Belustigung als der tatsächlichen Vermittlung belegter Informationen dienen. Kulturell und gesellschaftlich bedingt, ist es aber dennoch eine Tatsache, dass die Äußerung bestimmter Emotionen eher von Frauen beziehungsweise von Männern erwartet und akzeptiert wird.

Das beste Beispiel ist das Weinen als Ausdruck der Trauer. Weinende Frauen lassen kaum jemanden zweimal hinschauen, während ein weinender Mann schon ein eher seltenes Exemplar ist. Das liegt nicht daran, dass Männer weniger intensiv trauern. Der Unterschied ist nicht in der Emotion an sich, sondern in der gefühlten Freiheit beziehungsweise Unfreiheit diese in vollem Umfang auszudrücken, zu finden. Wenn eine Frau und ein Mann exakt gleich viel Trauer empfinden und dabei alleine sind, werden vermutlich beide weinen. Befinden sie sich aber in der Öffentlichkeit, wird der Mann mit hoher Wahrscheinlichkeit sein bestes tun, um seine Tränen zurückzuhalten.

Ganz einfach deshalb, weil er das Gefühl hat, nicht weinen zu dürfen beziehungsweise einen Teil seiner Stärke und Männlichkeit zu verlieren, wenn er sich weinend zeigt. Betrachtet man also lediglich und ganz klar abgegrenzt die Emotion selbst, sind keine geschlechterspezifischen Unterschiede festzustellen. Sieht man sich aber den Umgang mit der Emotion an, kommt man nicht umhin, eben solche Unterschiede zu bemerken.

Wenn Emotionen zum Problem werden

Du weißt, dass Emotionen eigentlich einen bestimmten Zweck erfüllen und grundsätzlich sehr nützlich und absolut überlebensnotwendig sind. Dennoch können sie zum Problem werden und zwar dann, wenn sie zu intensiv sind, zu viele davon gleichzeitig auf dich einströmen oder sie zu lange andauern.

Problem #1: Zu intensive Emotionen

Sicher kennst du das Gefühl, komplett von einer Emotion eingenommen und geradezu überwältigt zu sein. Jede Pore deines Körpers ist von der Emotion erfüllt und sie bestimmt alles, was du denkst und tust. Gelegentlich ist es ganz normal, so zu empfinden, zum Beispiel dann, wenn ein geliebter Mensch stirbt. Es gibt aber Krankheitsbilder und menschliche Eigenschaften, die dazu führen, dass Emotionen sehr oft oder sogar fast immer in einer sehr intensiven Qualität auftauchen. Das kann zum Beispiel bei Menschen mit der Borderline Persönlichkeitsstörung der Fall sein. Wer täglich mehrfach komplett von einer Emotion überflutet wird, nur um im nächsten Moment eine andere Emotion mit ihrem Megaphon, ihren Tröten und ihrem Geschrei zu beherbergen, tut sich schwer, den Alltag zu meistern. Wenn jede Emotion unglaublich intensiv ist, können sogar eigentlich "positiv" empfundene Emotionen, wie die Freude, schmerzhaft sein.

Problem #2: Zu viele Emotionen

Fehlt der Filter, der entscheidet, welche Emotionen zum bewussten Gefühl werden, prasseln unendlich viele Emotionen gleichzeitig auf das Bewusstsein ein. Das Resultat ist eine totale Überreizung gepaart mit großer Verwirrung. Schließlich ist es kaum noch möglich, die einzelnen Emotionen zu erfassen und zu verstehen. Sie summieren und vermischen sich zu einer Gefühlssuppe, die sich niemals auslöffeln lässt, egal wie schnell man isst. Die Erfahrung, enorm viele Emotionen gleichzeitig zu spüren, wird ebenfalls häufig von Betroffenen der Borderline Persönlichkeitsstörung gemacht, ist aber auch emotional hochsensiblen Menschen nicht fremd.

Problem #3: Emotionen hören nicht auf

Emotionen sind so lange sinnvoll, wie die auslösende Situation noch besteht und sie dazu beitragen, eine Lösung zu finden, zu reagieren, etwas zu verarbeiten oder eine adäquate Richtung einzuschlagen. Manchmal kommt es aber vor, dass die Emotion fortbesteht, auch wenn sie ihre Daseinsberechtigung eigentlich längst verloren hat. Das ist beispielsweise bei Menschen zu beobachten, die einen geliebten Angehörigen verloren haben und die Trauer auch nach mehreren Monaten noch nahezu gleich stark empfinden wie am ersten Tag. Wenn die Emotionen nicht gehen wollen, befinden sich die betroffenen Menschen oftmals in einem Teufelskreis. Sie wissen, dass sie die jeweilige Emotion langsam abschütteln sollten, versuchen sich abzulenken, was nicht klappt, befassen sich in der Folge vermehrt damit und lassen somit zu, dass die Emotion stetig an Macht gewinnt.

Problem #4: Irrationale Emotionen

Menschen, die unter einer Angststörung leiden, können ein Lied von irrationalen Emotionen singen. Ihnen ist mehr als bewusst, dass sie in Sicherheit sind und es keinen Grund gibt, Angst zu haben. Dennoch spüren sie die Panik in sich hochkriechen, meist ausgelöst von bestimmten Triggern, die anderen Menschen noch nicht einmal einen milden Schrecken einjagen.

Wenn du das Gefühl hast, dass deine Emotionen zum Problem für dich werden, sie dich belasten und dir das Leben schwer machen, solltest du nicht zögern, dir professionelle Hilfe zu suchen. Denn ganz egal, ob irrational, sehr intensiv, langandauernd oder zu viele - deine Emotionen sind echt, sie sind da und sie beeinflussen dich. Im Alleingang lassen sich die Probleme oftmals nicht lösen, schon allein deshalb, weil man selbst viel zu nah dran ist. Ein Profi kann die Sache objektiv betrachten und dir dabei helfen, so mit deinen Emotionen umzugehen, dass sie vom großen Problem zur kleinen Herausforderung werden.

Das Wichtigste in Kürze

- ✓ Emotionen und Gefühle sind nicht exakt dasselbe. Eine Emotion wird dann zum Gefühl, wenn sie bewusst wahrgenommen wird. Zur Vereinfachung werden die Begriffe in diesem Buch dennoch synonym verwendet.

- ✓ Nach Paul Ekman gibt es sieben Grundemotionen, die sich weltweit mimisch gleich äußern: Angst, Wut, Trauer, Freude, Ekel, Überraschung und Verachtung. Die mimische Reaktion auf diese Emotionen ist demnach genetisch in jedem Menschen angelegt.

- ✓ Ursprünglich steckt hinter jeder Emotion der Überlebenswille des Körpers. Emotionen weisen dich beispielsweise auf deine Bedürfnisse hin und lösen körperliche Reaktionen aus, die dein Überleben sichern sollen.

- ✓ Gefühle, Gedanken und Handlungen sind untrennbar miteinander verbunden und beeinflussen sich gegenseitig.

- ✓ Abgesehen von den mimischen Reaktionen auf die Grundgefühle, werden Emotionen stark vom kulturellen Umfeld geprägt. Das bezieht sich hauptsächlich auf die Bedeutung der einzelnen Emotionen, die damit einhergehende Empfindung und den Umgang damit.

- ✓ Geschlechterspezifische Unterschiede sind nicht in den Emotionen und Empfindungen selbst, sondern lediglich im Umgang mit diesen festzustellen.

- ✓ Emotionen können beispielsweise zum belastenden Problem werden, wenn sie zu intensiv sind, in Massen auftauchen oder zu lange andauern. Dann kann oftmals professionelle Hilfe vonnöten sein.

Kapitel 4: Emotionen erkennen, verstehen und kontrollieren

In Kapitel 4 tauchen wir noch tiefer in die Welt der Emotionen ein. Du lernst, Emotionen zu erkennen und zu einem Verständnis dieser zu gelangen. Außerdem erfährst du, inwiefern sich Emotionen kontrollieren lassen.

Emotionen anderer erkennen - Gestik, Haltung und Sprache

Aus dem letzten Kapitel weißt du bereits, welche mimischen Regungen mit den Grundemotionen einhergehen. Doch die Mimik ist nicht der einzige Anhaltspunkt, den du zur Deutung der Emotionen anderer hast. Auch Gestik, Körperhaltung und Sprache verraten so einiges.

Die Gestik

Gesten sind Ausdrücke der nonverbalen Kommunikation und werden insbesondere von Armen, Händen und dem Kopf erzeugt. Der Mensch beherrscht und nutzt bis zu 5000 Gesten, wovon einige ganz bewusst eingesetzt werden, während wir andere unbewusst ausführen. Generell werden fünf Arten von Gesten unterschieden:

Illustratoren

Illustratoren werden genutzt, um das gesprochene Wort zu untermalen. Wenn du beispielsweise erzählst, wie hoch eine Mauer ist und deren Höhe dabei mit der Hand aufzeigst, benutzt du einen Illustrator.

Embleme

Embleme sind konventionelle Gesten, auf deren Bedeutung sich die Menschen innerhalb einer Kultur, Gemeinschaft oder Gruppe verstän digt haben. Reckst du einen Daumen in die Höhe, versteht hierzulande jeder, dass du damit etwas Positives ausdrücken, zustimmen oder loben möchtest. Embleme unterscheiden sich je nachdem, wo sie angewandt werden. Ein Kopfnicken wird beispielsweise in Deutschland als "Ja" verstanden, in Teilen Südosteuropas aber als "Nein".

Affektoren

Affektoren lassen sich, genau wie Mikroexpressionen, nicht kontrollieren und drücken Emotionen entsprechend sehr direkt aus.

Adaptoren

Adaptoren finden unbewusst statt und dienen zur Emotionsregulation. Wenn du beispielsweise dein Ohrläppchen anfasst oder deine Finger knetest, um dich zu beruhigen, verwendest du einen Adaptor, der sich kaum unterdrücken lässt.

Regulatoren

Regulatoren sind in aller Regel bewertende Gesten. Mit ihnen teilst du deinem Gegenüber mit, was du vom Gesagten hältst, gibst quasi ein Feedback oder forderst ihn dazu auf, weiter zu sprechen oder still zu sein.

Sehen wir uns einige gängige Gesten und deren Bedeutung an:

Verschränkte Arme

Vor der Brust verschränkte Arme stellen die klassische Abwehrhaltung dar. Sie müssen aber keine Abneigung bedeuten. Vielmehr sind sie häufig ein Ausdruck von Unsicherheit und Verwundbarkeit.

Flach aufgestützte Unterarme

Flach auf dem Tisch aufgestützte Arme signalisieren Selbstbewusstsein und Durchsetzungsvermögen.

Aufgestützter Ellbogen

Wer einen Ellbogen auf dem Tisch aufstützt, ist interessiert und fühlt sich höchstwahrscheinlich wohl.

Hand am Mund

Streicht man sich mit der Hand über den Mund und lässt diese für einen Moment davor liegen, ist man sich unsicher bezüglich der Ehrlichkeit seines Gegenübers.

Offene Handhaltung

Wer die Hände offen auf dem Schoß oder dem Tisch liegen hat, ist aufrichtig und hat das Gefühl, nichts verbergen zu müssen.

Hände hinter dem Rücken

Hält man die Hände hinter dem Rücken versteckt, versucht man etwas zu verbergen oder ist sich unsicher, inwiefern man sich auf sein Gegenüber einlassen kann und möchte.

Kinn reiben

Ein Reiben des Kinns deutet auf Zufriedenheit und Nachdenklichkeit hin.

Gesten sind generell immer situativ zu deuten. Sprich: Je nach Situation und Kontext, können Gesten auf unterschiedliche Emotionen schließen lassen.

Die Körperhaltung

Auch aus der Körperhaltung kann man lesen - und zwar im Sitzen und im Stehen.

Selbstbewusste Körperhaltung im Stand

Die Beine hüftbreit aufgestellt, der Oberkörper gerade aufgerichtet, die Schultern tief und der Blick geradeaus: So sieht ein selbstbewusster Stand aus. Menschen, die diesen Stand aufweisen, fühlen sich der Sache gewachsen, sicher und für alles gewappnet.

Unsichere Körperhaltung im Stand

Nach vorne hängende Schultern, die Beine überkreuzt oder ein Bein seitlich abgestellt und von einem auf den anderen Fuß wechselnd, der Blick schweift schnell umher oder ist auf den Boden gerichtet: So sieht das Gegenteil des selbstbewussten Standes aus. Menschen, die so stehen, fühlen sich unsicher, sind eventuell sogar ängstlich und fühlen sich definitiv nicht wirklich wohl.

Selbstsichere Körperhaltung im Sitzen

Die selbstsichere Sitzhaltung zeichnet sich durch hüftbreit auf dem Boden aufgestellte Beine, einen aufrechten Oberkörper und auf dem Tisch oder dem Schoß aufliegende Arme aus.

Unsichere Körperhaltung im Sitzen

Wer, obwohl er eigentlich groß genug wäre, nur die Zehenspitzen auf dem Boden aufsetzt oder die Beine eng zusammenhält, den Oberkörper optisch in sich zusammensacken lässt und die Arme verschränkt oder sich sogar darauf setzt, strahlt mit seinem Sitz Unsicherheit und Unwohlsein aus. Ein Trippeln mit den Fingern oder den Füßen und ein Wippen mit dem Unterschenkel bei übereinandergeschlagenen Beinen im Sitzen deuten zusätzlich auf Ungeduld hin. Wer sich im

Gespräch aus dem Oberkörper herausgehend zu seinem Gesprächspartner vorbeugt, signalisiert eindeutig Interesse und Aufmerksamkeit. Lehnt man sich dagegen weit zurück und verschränkt dabei sogar noch die Arme hinter dem Kopf, wirkt man leicht überheblich. Ein Mensch, der sich so positioniert, fühlt sich seinem Gegenüber eindeutig überlegen.

Die Sprache - mehr als nur Worte

Die Sprache lässt dich nicht nur Emotionen erkennen, wenn diese verbal ausgedrückt werden. Klang, Lautstärke, Sprechtempo und Wortwahl lassen zusätzlich hinter die Fassade blicken.

Klang

Wer melodisch redet, dabei immer wieder einzelne Worte betont und rhetorische Pausen einlegt, fühlt sich vermutlich gut, hat Spaß an dem Gespräch, das er gerade führt und ist womöglich sogar richtig glücklich. Reiht sich dagegen in monotonem Tonfall ein Satz an den nächsten, lässt dies auf schlechte Laune, Ärger, Wut oder Trauer schließen. Vor allem bei Menschen, die man gut kennt, kann man am Klang der Stimme leicht erkennen, wie es ihnen gerade geht.

Lautstärke

Personen, die nahezu immer sehr laut sprechen, sind es gewöhnt, dass man ihnen zuhört und sie das Sagen haben. Sie fühle sich sicher und haben das Gefühl, dass ihre Worte relevant sind. Spricht man hingegen äußerst leise, ist man sich seiner Sache vermutlich unsicher, hat Angst oder schämt sich vielleicht sogar. Eine leise Sprechweise kann, je nach Kontext, aber auch mit der Trauer zusammenhängen oder Langeweile und Desinteresse zeigen. Menschen, die weder laut noch besonders leise sprechen, fühlen sich wohl, führen die Unterhaltung gerne und interessieren sich für das, was ihr Gegenüber zu sagen hat.

Sprechtempo

Es lohnt sich, auch einen genaueren Blick auf das Sprechtempo seines Gegenübers zu werfen. Spricht es schnell, fast schon hastig und ohne Punkt und Komma, will es möglicherweise seine Unsicherheit verbergen oder ist furchtbar nervös. Spricht es dagegen sehr langsam und gemächlich, ist es womöglich konzentriert darauf, die richtigen Worte zu finden. Ein gemäßigtes, mittleres Sprechtempo deutet auf einen selbstbewussten Sprecher hin, der sich der Situation gewachsen fühlt und sich gerne unterhält.

Wortwahl

Zu guter Letzt spielt natürlich auch die Wortwahl eine, wenn auch bedeutend kleinere, Rolle. Wer viele positiv assoziierte Begriffe verwendet, Dinge bildhaft beschreibt und lebendig erzählt, fühlt sich gut, ist glücklich oder zumindest zufrieden. Baut man stattdessen vorwiegend negativ assoziierte Begriffe in die Sprache ein, ist man traurig, niedergeschlagen, sauer oder ängstlich.

Auch hier gilt wieder: Deine Beobachtungen in Bezug auf die Sprache solltest du stets unter Berücksichtigung des jeweiligen Kontexts anstellen. Wenn du verschiedene Möglichkeiten, die Emotionen anderer zu erkennen, miteinander kombinierst - also nicht nur auf die Mimik, sondern auch auf die Gestik, die Körperhaltung und die Sprache achtest - kannst du mit etwas Übung recht zielsicher einschätzen, wie sich dein Gegenüber gerade fühlt.

Die eigenen Emotionen erkennen

Viel schwieriger, als das Deuten der Emotionen anderer, kann es sein, die eigenen Emotionen zu erkennen. Das kommt ganz darauf an, wie gut dein Gespür für deine Empfindungen ist. Menschen, die andere immer an erste Stelle stellen und ihre eigenen Bedürfnisse in den Hintergrund drängen, haben oft große Schwierigkeiten, ihre Emotionen überhaupt noch wahrnehmen und benennen zu können. Du fühlst etwas, weißt aber nicht, welche Emotion es ist? Und es passiert dir häufiger, dass es dir einfach nicht gelingt, deine Emotionen richtig einzuordnen? Dann bist du damit absolut nicht allein. Die folgende Tabelle kann dir dabei helfen, ein besseres Gespür für deine Emotionen zu entwickeln und sie nach und nach immer besser erkennen zu können. Aus Kapitel 3 weißt du, welche körperlichen Symptome und welche seelischen Empfindungen mit den Grundgefühlen und einigen weiteren Emotionen einhergehen. Nutze diese Tabelle, wie das Beispiel in der ersten Zeile erläutert, um deine körperlichen Reaktionen und Empfindungen sowie die begleitenden Gedanken einzutragen. Anhand dieser Informationen gelingt es dir dann womöglich, das Gefühl, das du gerade hast, zu bestimmen. Etwas trickreicher wird die Sache dadurch, dass wir oftmals nicht nur eine, sondern zwei oder drei Emotionen mehr oder weniger zeitgleich spüren. Wenn du widersprüchliche Gedanken und Empfindungen feststellst, solltest du also daran denken, dass vielleicht mehrere Emotionen im Spiel sind.

Emotionen	Körperliche Empfindungen/Reaktionen	Gedanken
Ärger *Angst*	*Angespannter Kiefer, komisches Gefühl in der Magengrube, Hände angespannt und zitternd*	*Verfluchte Scheiße, wieso ist das jetzt wieder passiert? Was, wenn das jemand rausfindet?*

Je häufiger du deinen Emotionen mithilfe dieser Tabelle auf den Grund gehst, desto leichter wird es dir fallen, sie schneller und zuverlässiger richtig erkennen zu können. Neben deinen Gedanken, den körperlichen Reaktionen und den Empfindungen kannst du natürlich auch auf deine eigene Gestik, Haltung und Sprache achten, die dir auf diese Weise weitere Hinweise liefern können. Bei der Mimik wird es deutlich schwerer, weil du dein Gesicht eben selbst nicht sehen kannst. Mimische Regungen kannst du lediglich miteinbeziehen, wenn du zum Beispiel merkst, dass du die Stirn in Falten legst oder deine Nase rümpfst.

Emotionen verstehen - zielführende Analyse von Emotionen

Wenn du deine Emotionen zuverlässig erkennen kannst, kannst du damit beginnen, ein besseres Verständnis für sie aufzubauen. Die Frage lautet hier also nicht mehr "Was fühle ich?" sondern "Warum fühle ich diese Emotion?" Fast jede Emotion kann aus ganz verschiedenen Gründen auftauchen. Anhand einer ausführlichen Analyse kannst du diese bestimmen und deine Emotionen in der Folge besser verstehen. Schritt für Schritt gehst du dabei folgendermaßen vor:

1. Gegenwärtige Situation beleuchten

Die meisten Emotionen werden von gegenwärtigen Ereignissen und Reizen ausgelöst. Nehmen wir einmal an, du würdest Angst empfinden. Dann stellst du dir jetzt die Frage: Gibt es in diesem Moment etwas, das mir Angst macht? Falls ja, hast du deinen Auslöser gefunden und kannst direkt zu Schritt vier springen. Falls nein, machst du mit Schritt zwei weiter.

2. Zukunft beleuchten

Oftmals lösen Gedanken an die Zukunft Emotionen aus. Hier lautet die Frage, die du dir stellen musst, also: Halten die nächsten Stunden, Tage oder Wochen etwas bereit, vor dem ich Angst habe? Lautet die Antwort "Ja", kannst du bei Schritt vier weiterlesen. Lautet sie "Nein", führt Schritt drei zum Ziel.

3. Vergangenheit beleuchten

Manchmal erzeugen auch Gedanken an die Vergangenheit Emotionen. Verursacht etwas, das dir in der Vergangenheit widerfahren ist oder das du früher getan hast, deine Angst? Versuche zu konkretisieren und genau herauszufinden, um welche vergangene Situation es dabei geht und was dir daran Angst macht.

4. Emotion verstehen

Sobald du weißt, wovon die Emotion ausgelöst wird, hast du alle Informationen, die du brauchst, um sie zu verstehen - und das kann äußerst erleichternd und befreiend sein.

Schwieriger gestaltet sich das Verstehen von Emotionen, wenn es sich um irrationale Gefühle, beispielsweise aufgrund einer Angststörung, handelt. Nun könnte man denken, dass es doch eigentlich recht simpel ist. Ich habe Angst. Warum? Weil ich eine Angststörung habe. Doch diese Antwort wäre doch sehr kurz gegriffen. Hier ist es also nötig, weiter zu fragen und herauszufinden, warum die Angststörung besteht. Um das zu tun, benötigen die meisten Menschen unbedingt professionelle Hilfe in Form einer Psychotherapie, die sie demnach dringend in Anspruch nehmen sollten.

Ist es möglich, Emotionen zu kontrollieren?

Streng genommen, also wenn man den Begriff Emotion differenziert zum Begriff Gefühl verwendet (siehe Kapitel 3), lassen sich Emotionen, wie bereits erläutert, nicht kontrollieren. Gefühle können unter Umständen aber sehr wohl kontrolliert werden. Mit kontrollieren ist ausdrücklich nicht verdrängen gemeint. Warum? Weil das Verdrängen von Gefühlen ein absolut ungesunder Weg ist, der auf Dauer unmöglich funktionieren kann. Die eigenen Gefühle zu beeinflussen ist Übungssache und auch nur in eingeschränktem Rahmen möglich. Sehr starke, intensive Gefühle können beispielsweise wenig bis gar nicht beeinflusst werden.

Erinnere dich einmal an den Abschnitt "Denken, Fühlen, Handeln - Wie Emotionen uns beeinflussen" aus Kapitel 3 zurück. Dort wurde bereits beschrieben, dass die Emotionen einen Einfluss auf unser Denken und unser Handeln haben. Im Umkehrschluss können wir unsere Emotionen durch unser Denken und Handeln beeinflussen.

Die folgende Tabelle zeigt dir, wie das aussehen könnte und gibt dir eine Struktur vor, die dir hilft, deine Emotionen nach und nach erfolgreich zu beeinflussen. Wie das Beispiel in der ersten Zeile zeigt, trägst du in Spalte eins die Emotion ein, die du beeinflussen möchtest. In Spalte zwei schreibst du den Auslöser der Emotion auf. Spalte drei ist für deine Bemühungen, die Emotion zu beeinflussen, gedacht und Spalte vier bietet Platz für das Ergebnis.

Welche Emotion?	Warum fühlst du diese Emotion?	Beeinflussung durch Denken und Handeln	Ergebnis
Trauer	*Weil meine Verabredung mich versetzt hat*	*Ich habe an mein nächstes Date gedacht und eine Freundin angerufen*	*Weniger traurig*

Letztendlich musst du selbst herausfinden, mit welchen Gedanken und Taten du deine verschiedenen Emotionen beeinflussen kannst. Experimentiere, probiere dich aus und lerne dabei mehr über deine Emotionen und dich selbst. Du wirst in diesem Zuge auch feststellen, dass Emotionen ebnen nur sehr begrenzt beeinflusst werden können. Doch je nach Gegebenheit kann schon eine kleine Veränderung Gold wert sein. Ergänzend zu dieser Tabelle, findest du in Kapitel 8 eine weitere, ähnliche Anleitung zur Emotionskontrolle, die dir noch etwas mehr Raum zum Üben und Experimentieren gibt. Zum Ende dieses Absatzes muss zwingend gesagt werden, dass es nicht möglich und - was viel wichtiger ist - nicht wünschenswert ist, die Emotionen anderer zu kontrollieren. Konzentriere dich in dieser Hinsicht auf dich selbst - alles andere ist Science Fiction und hochgradige Manipulation.

Das Wichtigste in Kürze

- ✓ Gestik, Mimik, Körperhaltung und Sprache geben Hinweise auf den emotionalen Zustand anderer Menschen.

- ✓ Übung macht den Meister! Je öfter du dich im Erkennen und Verstehen deiner Emotionen übst, desto leichter und zuverlässiger wird dir dies gelingen.

- ✓ In eingeschränktem Rahmen ist es möglich, die eigenen Emotionen durch bewusste Gedanken und Handlungen zu beeinflussen und somit geringfügig zu kontrollieren.

Kapitel 5: Empathie - Mitgefühl als Fähigkeit

Die Empathie wird manchmal belächelt, gilt aber generell als erstrebenswerte Eigenschaft. Kapitel 5 erklärt unter anderem, was es bedeutet, empathisch zu sein, geht auf die Vor- und Nachteile dieser Fähigkeit ein und klärt gängige Irrtümer in Bezug auf die Empathie auf.

Empathie - was ist das eigentlich?

Wer empathisch ist, besitzt die Fähigkeit, sich in andere Menschen und deren Gefühlswelt hineinzuversetzen. Darüber hinaus gibt es unglaublich viele weitere Begriffserklärungen und Definitionen, die leider nicht einheitlich sind. Wir stehen hier also vor einem Problem, das uns in Kapitel 1 schon einmal begegnet ist. Du erinnerst dich? Auch für die Intelligenz liegt keine allgemeingültige Definition vor. Dennoch können wir guten Gewissens drei Teilbereiche der Empathie unterscheiden:

Die kognitive Empathie

Wer kognitiv empathisch ist, kann die Gefühle anderer verstehen und nachvollziehen, empfindet sie aber nicht selbst. Es ist diese Form der Empathie, die missbräuchlich zu manipulativen Zwecken eingesetzt werden kann. Kognitiv empathische Menschen erkennen die Gefühle ihres Gegenübers und haben oft die Fähigkeit, Rückschlüsse in Bezug auf deren Motive, Absichten und zukünftige Handlungen daraus zu ziehen.

Die emotionale Empathie

Die emotionale Empathie bezieht sich nicht nur auf das Erkennen und Verstehen der Gefühle anderer, sondern auch auf das Hineinversetzen und Mitfühlen. Emotional empathische Personen sind oftmals enorm hilfsbereit und entwickeln einen starken Wunsch, emotional belasteten Menschen zu helfen. Andererseits sind Sie aber auch sehr sensibel auf Stimmungen, sodass sich die Stimmung des Gegenübers leicht auf die eigene auswirkt.

Die soziale Empathie

Sozial empathische Menschen erkennen Stimmungsbilder sofort und haben die Fähigkeit, diese gezielt zu beeinflussen. Wenn sie einen Raum betreten und feststellen, dass dort eine getrübte Stimmung vorherrscht, wissen sie, was sie tun können, um diese aufzulockern. Sie können sich besonders gut auf unterschiedliche Persönlichkeiten, Charaktere, Kulturen, Ethnizitäten und Altersgruppen einstellen und komplexe zwischenmenschliche Systeme leicht erkennen.

Die emotionale Empathie wird durch die sogenannten Spiegelneuronen in unserem Gehirn ermöglicht. Diese werden aktiv, wenn sie die Emotionen anderer beobachten und spiegeln diese quasi, sodass wir dieselbe Emotion fühlen. Das kannst du ganz leicht beobachten, wenn du einen Film siehst, der dich mitreißt. Obwohl du weißt, dass es sich nicht um die Realität handelt, springen deine Spiegelneuronen aufgrund der dramatischen Gefühle, die sich auf der Leinwand abspielen, an und du bekommst Angst, fieberst mit oder freust dich.

Die vier Säulen der Empathie

Grundsätzlich ruht die Empathie auf vier tragenden Säulen. Wirklich (emotional) empathisch ist nur, wer alle vier Säulen verstanden hat und deren Inhalt umsetzen kann.

Die **erste** Säule: Wahrnehmung

Die Basis für empathisches Verhalten stellt die Wahrnehmung dar. Nur wenn du die Emotionen deines Gegenübers wahrnimmst, kannst du sie überhaupt spiegeln, auf sie eingehen oder Verständnis zeigen. Erkennen lassen sich die Emotionen beispielsweise an Gestik, Mimik, sprachlichen Merkmalen, Körperhaltung und verbalen Aussagen.

Die **zweite** Säule: Verständnis

Dann muss Verständnis erlangt werden. Dafür müssen möglichst viele Fragen beantwortet werden. Warum geht es meinem Gegenüber so? Was hat ihn in diesen emotionalen Zustand versetzt? Welche Ursachen und Umstände stecken dahinter? Menschen, die sich sehr nahe stehen und seit Langem kennen, können sich diese Fragen möglicherweise beantworten, ohne sie überhaupt direkt zu stellen. In den meisten Fällen ist man aber auf Informationen aus dem Munde des Gegenübers angewiesen, um zum Verständnis zu gelangen.

Die **dritte** Säule: Antizipation

Nun geht es darum, einzuschätzen, wie sich das Gegenüber weiterhin verhalten wird. Wird es sich zeitnah beruhigen? Wird es sich weiter in seine Emotion hineinsteigern? Besonders wichtig ist die Antizipation in Situationen, in denen das Gegenüber eventuell selbstschädige Handlungen unternehmen, sprich sich selbst verletzen, würde. Die Selbstverletzung bezieht sich dabei nicht nur auf das klassische Beispiel des Ritzens, sondern auch auf Drogenkonsum, sexuelle Handlungen, die das Gegenüber eigentlich nicht ausführen möchte, aber nun gezielt sucht, um sich zu verletzen, das Ausreißen der Haare, das Schlagen mit dem Kopf gegen eine Wand - es gibt unzählige Variationen des selbstverletzenden Verhaltens. Ein Selbstmordversuch ist der Extremfall, mit dem du hoffentlich niemals konfrontiert wirst. Bist du empathisch genug, selbstverletzende Tendenzen und Absichten bei deinem Gegenüber zu erkennen, gilt es, feinfühlig, aber dennoch schnell zu handeln und Hilfe zu rufen. Denn hier bist du an einem Punkt angelangt, an dem dir Empathie nicht weiterhilft. Natürlich kannst du weiter auf dein Gegenüber eingehen, gleichzeitig solltest du aber - je nach Schweregrad der Gefahr - Angehörige oder eine Vertrauensperson über den Zustand des Gegenübers informieren und gegebenenfalls - also wenn eine Einweisung zur Sicherung des Lebens deines Gegenübers sinnvoll erscheint - einen Krankenwagen rufen.

Die **vierte** Säule: Reaktion

Hast du es nicht mit einem Fall von Selbstverletzung oder Suizid zu tun, beinhaltet die vierte Säule deine Reaktion. Empathische Menschen reagieren mitfühlend, finden die richtigen Worte, nehmen Rücksicht, zeigen Mitgefühl und handeln zum Besten ihres Gegenübers.

Die Vorteile empathischer Menschen

Wer empathisch ist, kann daraus zahlreiche Vorteile schöpfen:

Leichtes Kontakteknüpfen

Empathischen Menschen fällt es oft leicht, Kontakte zu knüpfen und bei den neuen Bekanntschaften in guter Erinnerung zu bleiben. Sie spüren, wie sie auf unterschiedliche Menschen zugehen können und bemühen sich um deren Wohlbefinden.

Starke Freundschaften und Beziehungen

Durch ihre Hilfsbereitschaft und ihr Einfühlungsvermögen werden sie als zuverlässige Freunde und liebende Partner geschätzt.

Gute Ratgeber

Empathische Menschen werden von ihren Freunden gerne um Rat gefragt. Schließlich sind sie bekannt dafür, sich in deren Lage hineinversetzen und somit einzigartig gute Tipps geben zu können, die dem Betroffenen auch tatsächlich weiterhelfen.

Gutes Verhältnis zu den Kollegen

Empathische Menschen haben meist kein Problem damit, ein gutes Verhältnis zu ihren Kollegen aufzubauen und zu pflegen. Sie springen gerne ein, wenn ein Notfall eintritt und unterstützen ihre Mitarbeiter wo sie nur können.

Begabung in sozialen Berufen

Ihre Stärken können sie mitunter optimal in sozialen Berufen nutzen. Als Psychotherapeuten, Sozialpädagogen, Erzieher oder Street Worker punkten sie durch ihre Einfühlsamkeit und ihr Gespür für die Emotionen ihres Gegenübers.

Konfliktlösung

Kommt es zu Konflikten, hilft die Empathie dabei, die Sichtweise der Beteiligten zu verstehen. Deshalb gelingt es empathischen Menschen besonders gut, Konflikte zur Zufriedenstellung aller Parteien zu lösen.

Verständnis für andere

Empathischen Personen fällt es leicht, Verständnis für andere und deren Situation aufzubringen. Sie erkennen schlechte Laune und Probleme sofort und bieten für gewöhnlich ihre Hilfe an.

Warmherzigkeit und Sympathie

Empathische Menschen können sowohl extrovertiert als auch introvertiert auftreten, strahlen im Normalfall aber immer Warmherzigkeit aus und wecken bei den meisten Menschen Sympathie.

Wenn Mitgefühl zur Belastung wird - die Nachteile der Empathie

Wo es Vorteile gibt, sind für gewöhnlich auch Nachteile zu finden. Die Empathiefähigkeit stellt hier keine Ausnahme dar.

Wenig Distanz

Es fällt empathischen Menschen oft schwer, die nötige Distanz zwischen den Problemen anderer und den eigenen Problemen zu wahren. Sie sind oft sehr schnell involviert, spüren das Leid des Gegenübers und nehmen es in sich auf. Hinzu kommt ihr starker Wunsch danach, helfen zu können. Wenn dann keine Möglichkeit besteht, tatsächlich Hilfe leisten zu können, ist dies für empathische Menschen häufig schwer auszuhalten.

Stimmungsübertragung

Man sagt, geteiltes Leid sei halbes Leid. Das mag stimmen, doch wer die Stimmungen anderer in hohem Maße übernimmt, leidet am Ende doppelt und dreifach. Menschen mit hoher Empathiefähigkeit müssen daher zwingend lernen, sich bis zu einem gewissen Grad distanzieren zu können, um ihre Gesundheit nicht zu gefährden.

Vernachlässigung der eigenen Emotionen

Wer sich ständig um die Emotionen anderer kümmert, läuft Gefahr, seine eigenen Emotionen zu vernachlässigen. Empathischen Menschen ist daher dazu zu raten, sich immer wieder Zeit zu nehmen, um sich um sich selbst zu kümmern. Schließlich können sie anderen nur bestmöglich helfen, wenn sie selbst psychisch fit sind.

Gefahr, ausgenutzt zu werden

Leider kommt es immer wieder vor, dass die Empathie der Menschen ausgenutzt wird. Weniger empathische Menschen ziehen ihren Nutzen aus der Hilfsbereitschaft des Empathen, ohne etwas zurückzugeben oder sich auch nur ehrlich zu bedanken.

Irrtümer und Missverständnisse

In Bezug auf die Empathie gibt es immer wieder Irrtümer, die sich als hartnäckige Mythen halten. Diese versuchen wir im Folgenden aufzuklären.

Empathie ist...

...überflüssig, weil in dieser Welt nur die Leistung zählt.

Tatsächlich sind empathische Menschen teilweise deutlich erfolgreicher, als Menschen, die wenig Empathie besitzen. Arbeitgeber schätzen empathische Eigenschaften an ihren Mitarbeitern schon alleine deswegen, weil sie zu einem guten Arbeitsklima beitragen. Empathische Menschen können zudem besser auf Kunden eingehen, deren zukünftige Handlungen abschätzen und so erfolgreicher Geschäfte abschließen.

...immer zu tun, was das Gegenüber möchte.

Diese Annahme ist absoluter Blödsinn und zeigt sehr deutlich auf, wie leicht Empathie falsch verstanden werden kann. Ein empathischer Mensch kann eher einschätzen, was sein Gegenüber möchte. Das bedeutet aber nicht, dass er zu seiner Marionette wird und immer dessen gewünschten Tanz ausführt. Hier lautet das Stichwort Selbstempathie. Empathische Menschen tendieren zwar dazu, anderen zu helfen und ihnen entgegenzukommen, dürfen aber durchaus auch auf sich selbst achten und ihre eigenen Bedürfnisse in den Vordergrund stellen.

...genau zu wissen, was im Gegenüber vorgeht.

Auch das stimmt leider nicht. Die Empathie befähigt den Menschen dazu, sich im Rahmen seiner Erfahrungen und Möglichkeiten in den anderen hineinzuversetzen. Dennoch wird der Empath niemals 1:1

das fühlen, was sein Gegenüber fühlt und auch nicht komplett und fehlerfrei wissen, was in ihm vorgeht. Das liegt ganz einfach daran, dass Menschen Individuen sind und auch empathische Personen nur von ihrem individuellen Standpunkt aus mitfühlen können.

Empathie ist nicht...

...wichtig, sie macht einen nur schwach.

Vor allem Männer verbinden die Empathie immer wieder mit Schwäche - sie ist demnach etwas für Weicheier und Heulsusen. Dabei übersehen sie, dass Empathie keine Schwäche, sondern eine Stärke ist. Schließlich ist es in vielen Lebensbereichen von Vorteil, ein gewisses Maß an Empathie zu besitzen.

...erlernbar, denn sie ist angeboren

Richtig ist, dass die Höhe der Empathie bei einem Neugeborenen zunächst durch die Genetik und anschließend durch die Erziehung bestimmt wird. Falsch ist hingegen, dass Empathie nicht erlernt werden kann. Jeder Mensch hat die Möglichkeit, seine Empathie weiterzuentwickeln und zu stärken und somit zu einer empathischeren Person zu werden.

...in jedem Beruf nützlich

Es mag vereinzelt Berufe geben, in denen die Empathie tatsächlich eine sekundäre oder tertiäre Rolle spielt. Während ein Teil der Berufsbilder, vor allem im sozialen Bereich, eine gewisse Empathie voraussetzt, hilft sie in anderen dabei, erfolgreich zu sein und schneller voran zu kommen. Direkt oder indirekt ist die Empathie also in den meisten Berufen von Nutzen.

10 Tipps: Empathie entwickeln und stärken

Fakt ist, dass die Veranlagung zur Empathie angeboren ist. Fakt ist aber auch, dass sich diese Fähigkeit ganz bewusst weiterentwickeln und stärken lässt. Teilweise passiert dies in der frühen Kindheit. Wenn Eltern beispielsweise sensibel mit ihren Kindern umgehen und sie ihre Empathie spüren lassen, indem sie deren Bedürfnisse ernst nehmen und sie beispielsweise trösten, wenn sie traurig sind, lernen die Sprösslinge, was empathisches Verhalten bedeutet - ganz ohne den Begriff dafür zu kennen. Wenn du also das Gefühl hast, wenig empathisch zu sein, liegt es in deiner Hand, etwas daran zu ändern. Und auch wenn du deine Empathie als gut entwickelt einstufst, besitzt du vielleicht die Motivation, sie trotzdem weiter zu erhöhen. Genau dabei helfen dir die folgenden zehn Tipps.

Sei offen und interessiert an den Gefühlen anderer

Damit du deine Empathie erweitern kannst, musst du grundsätzlich offen und interessiert an den Gefühlen anderer sein. Wenn dir absolut egal ist, wie andere Menschen sich fühlen, ist deine Empathie besonders niedrig. Arbeite daran, indem du deine Freunde und Verwandten gezielt danach fragst, wie es ihnen geht und was sie empfinden und halte dir vor Augen, warum diese Informationen durchaus von Interesse für sich sind. Schließlich willst du doch nicht, dass deine Lieben sich schlecht fühlen, oder?

Lerne Empathie von empathischen Menschen

Sicherlich kennst du den ein oder anderen Menschen, der durch Empathie auffällt. Er geht auf andere ein, interessiert sich für deren Gefühlswelt, kümmert sich um sie und fängt sie auf. Es handelt sich in der Regel um einen Menschen, an den sich die Leute wenden, wenn sie Probleme haben und Rat suchen. Beobachte, wie dieser Mensch sich verhält, wie er sein Mitgefühl zeigt und wie er mit anderen Men schen umgeht. Und dann lerne daraus und versuche, seine Verhaltensweisen zu imitieren.

Beobachte deine Mitmenschen

Sei achtsam und beobachte deine Mitmenschen. Tagtäglich zeigen die Menschen um dich herum Emotionen. Versuche, dich für diese zu sensibilisieren und übe das Wahrnehmen der Gefühlsregungen anderer. Du musst zunächst gar nicht weiter handeln. Bleibe in der Rolle des Beobachters und schärfe dein Gespür für die Emotionen, die sich jeden Tag vor deinen Augen abspielen. Dabei kannst du dein Wissen über Gestik, Mimik, Körperhaltung und Sprache nutzen, um die Emotionen richtig einzuordnen.

Höre aufmerksam zu und achte auf die Emotionen

Im nächsten Schritt gehst du in Interaktion mit deinen Mitmenschen. Du sprichst mit ihnen, achtest darauf, welche Emotionen sie zeigen und hörst ihnen zu. Du versuchst dabei, zwischen den Zeilen zu lesen und nicht nur ihre konkreten Aussagen, sondern auch ihren Tonfall, ihre Mimik und ihre Gestik miteinzubeziehen. Auch hier geht es noch nicht darum, selbst aktiv zu werden. Du sollst lediglich aufmerksam lauschen und beobachten, wie sich Mimik, Gestik, Körperhaltung, Sprache und tatsächlich getroffene Aussagen ergänzen.

Urteile nicht und erkenne die Emotionen an

Wenn wir Menschen eine Emotion eines anderes miterleben, die wir nicht verstehen können, neigen wir dazu, direkt zu urteilen. "Der tut doch nur so", "Die regt sich aber künstlich auf", "Die will doch nur Aufmerksamkeit" und ähnliche Wertungen sind schnell getroffen, aber unfair. Die Tatsache, dass du eine Emotion nicht verstehst, schmälert die Validität dieser Emotion keineswegs. Für den Menschen, der sie erlebt, ist sie real und du solltest nicht verurteilen, was du nicht verstehst. Korrigiere dich also umgehend, wenn du dich beim vorschnellen Urteilen ertappst und ermahne dich dazu, die Emotionen anderer nicht zu bewerten, sondern bedingungslos anzuerkennen.

Stelle die richtigen Fragen

Schließlich geht es darum, Verständnis zu erlangen. Indem du Fragen stellst, zeigst du nicht nur dein Interesse, sondern erhältst auch die Informationen, die du brauchst, um die Emotionen deines Gegenübers verstehen zu können. Achte dabei auf deine Formulierungen. Beginne den Satz nicht mit "Ich verstehe nicht, warum..." oder "Ich kann nicht nachvollziehen, dass..." Mit solchen Einstiegen würdest du deinem Gegenüber das Gefühl geben, dass seine Emotionen keine Daseinsberechtigung haben. Frage stattdessen lieber "Was macht dich so traurig?", "Warum bist du so wütend?" oder "Was ist passiert, das dich so glücklich macht?" Frage weiter, bis du ein Verständnis entwickelt hast. Überfordere dein Gegenüber dabei aber nicht, indem du es mit einer Frage nach der anderen bombardierst. Achte darauf, inwiefern es bereit ist, an dieser Stelle weitere Fragen zu beantworten. Manchmal ist ein Schweigen das empathischste, was man tun kann.

Zeige dein Verständnis

Sobald du verstanden hast, warum sich dein Gegenüber so fühlt, wie es aktuell der Fall ist, solltest du dieses Verständnis zum Ausdruck bringen. Der simple Satz "Ich kann dich verstehen", kann sehr viel bedeuten. Daher sollte er niemals gesagt werden, wenn kein tatsächliches, aufrichtiges Verständnis vorhanden ist. Falls du die Situation, in der sich dein Gegenüber befindet, noch nie selbst erlebt hast, solltest du eine andere Formulierung verwenden. Warum? Ganz einfach: Dein "Ich kann dich verstehen", könnte dein Gegenüber wütend machen, wodurch es sich vor dir verschließen würde. Und das ist durchaus verständlich. Wer sich in einer Extremsituation befindet, will nicht, dass andere diese schmälern, indem sie vorgeben, etwas zu verstehen, was sie, aus der Sicht des Betroffenen, gar nicht verstehen können. Sage in einem solchen Fall lieber "Ich kann nachvollziehen, warum du dich so fühlst" oder "Ich weiß nicht, wie du dich jetzt wohl gerade fühlen magst, aber ich denke, mir würde es an deiner Stelle auch schlecht gehen."

Bringe dein Mitgefühl zum Ausdruck

Zu wissen, dass man das Mitgefühl eines anderen hat, kann einem durchaus helfen, auch schwere Zeiten zu ertragen und zu überstehen. Wenn du dein Mitgefühl zum Ausdruck bringst, zeigst du, dass du nicht nur verstehst, sondern bereit bist, deine eigenen Emotionen zumindest teilweise von den Emotionen deines Gegenübers beeinflussen zu lassen. Du verdeutlichst, dass du seine Situation nicht nur anerkennst, sondern dass sie dir nahe genug geht, um auf emotionaler Ebene etwas in dir auszulösen.

Lerne, was Mitgefühl von Mitleid unterscheidet

Mitgefühl zu haben, bedeutet, die Emotionen des anderen zu verstehen und nicht unberührt von ihnen zu bleiben. Mitleid zu empfinden bedeutet hingegen, das Leid des anderen auf der nahezu gleichen Intensitätsstufe zu spüren. Während Mitgefühl gut und hilfreich ist, blockiert Mitleid deine Empathie. Wenn du mitleidest, bist du nicht mehr in der Lage, dich angemessen um die Gefühle deines Gegenübers zu kümmern - du leidest selbst zu sehr und stellst dein Leid in den Mittelpunkt, wo es in diesem Augenblick nicht hingehört. Es ist also für dich selbst und für dein Gegenüber besser, das ehrliche Mitgefühl nicht zu Mitleid anwachsen zu lassen.

Nimm dir Zeit und bleibe geduldig

Empathie kann nicht über Nacht erlernt und gefördert werden. Es wird seine Zeit dauern, bis du feststellst, dass dir das Erkennen, Verstehen, Mitfühlen und Reagieren auf die Emotionen anderer leichter fällt. Der Weg zur gestärkten Empathie ist ein Weg, den du unbedingt in deinem eigenen Tempo und ganz ohne Druck gehen musst. Arbeite an dir, werde aber nicht verbissen. Überzogener Ehrgeiz ist hier völlig fehl am Platz. Nimm dir die Zeit, die du brauchst und sei dir selbst gegenüber fair und feinfühlig genug, um dich nicht zur Eile anzutreiben oder gar zu tadeln, weil der Fortschritt deiner Meinung nach nicht schnell genug vonstattengeht.

Das Wichtigste in Kürze

- ✓ Die Fähigkeit der Empathie lässt sich in drei Bereiche untergliedern: die kognitive Empathie, die emotionale Empathie und die soziale Empathie.
- ✓ Empathie basiert auf den vier Säulen "Wahrnehmung", "Verständnis", "Antizipation" und „Reaktion".
- ✓ Die Empathie bringt zahlreiche Vorteile mit sich. Empathische Menschen führen so zum Beispiel überdurchschnittlich gute Beziehungen, sind begabte Konfliktlöser und sind den meisten Menschen, denen sie begegnen, sympathisch.
- ✓ Die Empathiefähigkeit kann erlernt und gezielt ausgebaut werden.

Kapitel 6: Emotionale Intelligenz im Detail

Nachdem wir uns sowohl der Intelligenz als auch den Emotionen und der Empathie gewidmet haben, ist es nun höchste Zeit, dass wir uns der emotionalen Intelligenz zuwenden.

Golemans Konzept

Aus Kapitel zwei, der Einführung in die Thematik der emotionalen Intelligenz, ist dir der Name Daniel Goleman ein Begriff. Möchte man die emotionale Intelligenz verstehen, kommt man nicht darum herum, sich genauer mit seinen Ansichten und seinem Konzept auseinanderzusetzen. Schließlich gilt er nach wie vor als "Mr. Emotionale Intelligenz", auch wenn nicht jeder mit seiner Auffassung des Ganzen zufrieden ist. Bevor wir uns der Kritik an Goleman zuwenden, befassen wir uns ausgiebig mit seinem berühmten Konzept. Dieses beinhaltet fünf Merkmale und zwölf Kompetenzen:

Die fünf Merkmale der emotionalen Intelligenz nach Goleman

Goleman nennt fünf Hauptmerkmale, die die emotionale Intelligenz kennzeichnen.

1. Die Selbstwahrnehmung

Dieses Merkmal beschreibt das Erkennen und Verstehen der eigenen Emotionen, geht aber noch darüber hinaus. Unter der Selbstwahrnehmung in Bezug auf emotionale Intelligenz versteht Goleman zusätzlich die Fähigkeit, objektiv einschätzen zu können, wie sich die eigenen Handlungen auf andere auswirken.

2. Das Beeinflussen von Emotionen

Das zweite Merkmal stellt, laut Goleman, die Fähigkeit dar, auf gesunde und effektive Weise mit den eigenen Emotionen umgehen zu können. Sprich: Man muss demnach beispielsweise gut darin sein, Enttäuschungen, Trauer und Wut zu verarbeiten und "negative" Emotionen in ihrem Einfluss auf die eigene Wahrnehmung und das eigene Wohlbefinden abzuschwächen können.

3. Aus Emotionen werden Handlungen

Goleman vertritt die Ansicht, dass das Nutzen der eigenen Emotionen zum persönlichen Vorteil ebenfalls kennzeichnend für emotionale Intelligenz ist. Emotional intelligente Menschen können somit störende emotionale Impulse kurzzeitig unterdrücken und förderliche emotionale Impulse nutzen, um ihren Zielen näher zu kommen.

4. Die Empathie

Empathie muss man dieser Stelle nicht weiter erklärt werden, da Kapitel 5 eine ausführliche Erläuterung bereitstellt.

5. Der Aufbau und die Pflege von Beziehungen/Soziale Kompetenz

Zu guter Letzt reiht sich die Fähigkeit, Beziehungen aufzubauen und zu pflegen, angemessen mit Menschen zu kommunizieren und dabei stets deren Emotionen im Blick zu behalten, in die Auswahl an Merkmalen der emotionalen Intelligenz ein und komplettiert das Fünfergespann.

Die zwölf Kompetenzen emotional intelligenter Menschen nach Goleman

Aus den fünf Merkmalen ergeben sich für Goleman zwölf Kompetenzen, die emotional intelligente Menschen besitzen.

1. Emotionale Selbstwahrnehmung

Diese Kompetenz deckt sich mit dem ersten Merkmal der emotionalen Intelligenz. Es geht darum, die eigenen Emotionen wahrzunehmen, ein Verständnis für sie zu entwickeln und den Einfluss der eigenen Handlungen auf die Emotionen anderer abschätzen zu können. Hinzu kommt die Kompetenz, die eigenen Stärken und Schwächen erkennen und realistisch einordnen zu können.

2. Empathie

Auch an dieser Stelle verweisen wir auf Kapitel 5, das sich intensiv mit der Empathiefähigkeit auseinandersetzt.

3. Organisationsbewusstsein

Das Organisationsbewusstsein hat nichts mit der Organisation von Events oder Ähnlichem zu tun. Es geht dabei vielmehr um das Verständnis für Organisationen und deren Funktionsweise. Emotional intelligente Menschen besitzen die Fähigkeit, die Interessen der einzelnen Personen oder Gruppen einer Organisation zu erkennen, das jeweilige Machtstreben zu identifizieren und die internen Netzwerke zu überblicken. Außerdem blicken sie hinter die Kulisse der Regeln und Leitwerte einer Organisation.

4. Optimismus

Emotional intelligente Menschen pflegen eine optimistische Einstellung und haben einen positiven Blick auf die Welt. Sie neigen dazu, die Chancen im Vordergrund zu bedenken, während die Risiken in den Hintergrund treten.

5. Leistungsorientierung

Eine weitere Kompetenz ist laut Goleman das Streben nach Leistung. Emotional intelligente Personen messen ihre Leistungen demnach an vergleichsweise hohen Standards und sind stets bestrebt, sich zu verbessern.

6. Anpassungsfähigkeit

Wer in der Lage dazu ist, sich an verschiedene Situationen, Anforderungen und Menschen anzupassen, erfüllt eine wichtige Kompetenz der emotionalen Intelligenz nach Goleman. Anpassungsfähigkeit erfordert an erster Stelle Offenheit, damit man sich überhaupt auf die jeweiligen Umstände einlassen und sich in der Folge anpassen kann.

7. Emotionale Selbstkontrolle

Diese Kompetenz überschneidet sich mit dem zweiten Hauptmerkmal nach Goleman und bezieht sich auf die weitestmögliche Kontrolle der eigenen Emotionen.

8. Inspirierende Führung

Goleman vertritt die Auffassung, dass emotional intelligente Menschen andere besonders stark inspirieren können. Unter Führung ist hier sowohl die Führungsposition im beruflichen Kontext als auch die "Führungsrolle" in einer Gruppe von Freunden oder innerhalb der Familie gemeint. Menschen mit viel emotionaler Intelligenz sollen die Kompetenz besitzen, andere Menschen aus ihrer Führungsrolle heraus inspirieren, für sich gewinnen und begeistern zu können.

9. Teamwork

Die Arbeit im Team fällt emotionale intelligenten Menschen leicht. Sie integrieren sich problemlos, tragen zu einer freundlichen Atmosphäre bei, übernehmen, bei Bedarf, die Verteilung der Aufgaben und sorgen dafür, dass die Kommunikation zwischen den Teammitgliedern nicht zu kurz kommt.

10. Coach und Mentor

Die emotionale Intelligenz befähigt Menschen dazu, gute Ratschläge, basierend auf der Emotionslage ihres Gegenübers, zu erteilen, andere personalisiert zu motivieren und verständlich anzuleiten.

11. Einfluss

Emotional intelligente Personen sollen, laut Goleman, fähig dazu sein, Menschen in eingeschränktem Rahmen durch Worte und Taten zu beeinflussen.

12. Konfliktmanagement

Zu guter Letzt zählt auch das Konfliktmanagement zu Golemans zwölf Kompetenzen. Dieser Auffassung zufolge können emotional intelligente Menschen Konflikte besonders gut handhaben, in angemessener Weise lösen und auch kritische Situationen zur Zufriedenheit aller Beteiligten bewältigen.

Die drei Unterarten der emotionalen Intelligenz

Während Goleman seine Auffassung von emotionaler Intelligenz als die einzige und als allgemeingültig begreift, unterscheidet die Forschung teilweise drei verschiedene Unterarten.

Ability EI - Die erlernbare emotionale Intelligenz

Die Ability EI umfasst alle emotional intelligenten Fähigkeiten, die nicht genetisch bedingt sind, sondern erworben werden und somit ganz gezielt erlernt werden können.

Trait EI - Die emotionale Intelligenz als grundlegende Eigenschaft

Unter Trait EI versteht man die emotionale Intelligenz, die auf grundlegenden Persönlichkeitsmerkmalen beruht und somit kaum oder gar nicht erlernt werden kann.

Mixed EI - Die emotionale Intelligenz als Mischung von Fähigkeiten und Persönlichkeitseigenschaften

Forscher betrachten die Mixed EI als das, was Goleman unter emotionaler Intelligenz versteht. Es handelt sich in dieser Form also um eine wilde Mischung aus erlernbaren Fähigkeiten und mehr oder weniger fixen Persönlichkeitseigenschaften.

Bis heute sind sich Forscher uneinig, wie emotionale Intelligenz denn nun tatsächlich zu definieren ist. Je mehr Berichte, Abhandlungen und Meinungsbilder man liest, desto verschwommener wird das Bild, das sich daraus ergibt. Betrachtet man lediglich die Öffentlichkeit, die nichts mit der Forschung am Hut hat, so ist Golemans Ansicht die wahrscheinlich am breitesten bekannte und akzeptierte. Dies dürfte allerdings hauptsächlich mit der Aufmerksamkeit, die sein Buch genoss, zusammenhängen und bedeutet daher nicht, dass es sich hierbei um die (einzig) richtige Beschreibung emotionaler Intelligenz handelt.

Kritik an Golemans Konzept

Fakt ist, dass sich Golemans Konzept der emotionalen Intelligenz größtenteils durchgesetzt hat. Dennoch hagelt es immer wieder harsche Kritik. Zum einen wird dem Psychologen vorgeworfen, die älteren Ideen und Ansätze früherer Kollegen lediglich aufgegriffen, abgeändert, zusammengefasst und unter seinem Namen teuer verkauft zu haben. Zum anderen wird bemängelt, dass Goleman Ability EI und Trait EI im Sinne seiner eigenen Ansichten vermischt und es seinem Konzept daher an Professionalität und einem starken Fundament mangelt. Manche Forscher lehnen das Konzept der emotionalen Intelligenz vollständig ab. Ihrer Meinung nach setzt sich das, was Goleman als EI bezeichnet, zum größten Teil aus den Big-Five, den grundlegenden Persönlichkeitsdimensionen nach Dr. Satow, zusammen.

Die vier Grundfähigkeiten

Golemans Konzept - mit fünf Hauptmerkmalen und 12 Kompetenzen - lässt sich auf einen Blick schwer erfassen und wird von vielen Menschen als etwas zu detail- und umfangreich angesehen. Um schneller ein Verständnis bezüglich der emotionalen Intelligenz zu gewinnen, bietet sich daher die Erläuterung auf der Basis von vier zentralen Grundfähigkeiten an. Diese decken sich mit Golemans Auffassung, einen Widerspruch gibt es hier also nicht. Sie erlauben allerdings eine einfachere und allgemeingültigere Darstellung der emotionalen Intelligenz.

#1: Die Selbstwahrnehmung

Die erste Grundfähigkeit stellt demnach die Selbstwahrnehmung dar, von der wir bereits mehrfach gesprochen haben. Emotionale Intelligenz setzt voraus, dass die eigenen Emotionen wahrgenommen und deren Einfluss auf die Gedanken und das Handeln erkannt werden.

#2: Das Selbstmanagement

Mit dem Selbstmanagement ist die Fähigkeit, adäquat mit den eigenen Emotionen umgehen und sie soweit möglich kontrollieren zu können, gemeint.

#3: Die Fremdwahrnehmung

Im Gegensatz zur Selbstwahrnehmung, geht es bei der Fremdwahrnehmung nun darum, die Emotionen anderer erkennen und einschätzen zu können sowie diese Erkenntnisse zu nutzen, um deren Verhalten zu verstehen.

#4: Das Beziehungsmanagement

Die vierte und letzte Grundfähigkeit bezieht sich auf das Gestalten der zwischenmenschlichen Beziehungen unter Zuhilfenahme der beobachteten Emotionen des Gegenübers, der eigenen Kommunikation und des eigenen Verhaltens. Auch das bewusste Beeinflussen von Menschen auf dieser Grundlage ist der vierten Grundfähigkeit zuzuordnen.

Vorteile eines hohen EQ - warum du deinen EQ steigern solltest

Vielleicht fragst du dich noch immer, wie genau dir emotionale Intelligenz von Nutzen sein soll. Kein Problem! Hier kommen 15 Gründe aus dem privaten und beruflichen Bereich, die dir die Antwort auf deine Frage liefern.

Im Privatleben

Zugegeben: Wird von emotionaler Intelligenz gesprochen, so liegt meist ein beruflicher Kontext vor. Nichtsdestotrotz bereichert EI auch dein Privatleben.

✓ Du lernst dich selbst besser kennen

Indem du lernst, deine Emotionen zu erkennen und zu verstehen, lernst du letztendlich dich selbst besser kennen. Du beobachtest nach und nach, welche Emotionen durch welche Auslöser entstehen, wie du auf die einzelnen Emotionen reagierst und was sie mit dir machen. Du erfährst Dinge über dein Inneres, die du ohne emotionale Intelligenz niemals entdecken würdest. Du findest heraus, welche Schwächen und Stärken dich auszeichnen und schaffst somit die Grundlage dafür, dich selbst zu 100 % zu akzeptieren und anzunehmen. Du erschaffst ein besseres Verhältnis zu dir selbst, kannst deine Bedürfnisse besser einschätzen, wahrnehmen und befriedigen und letztendlich ein stärkeres Selbstvertrauen aufbauen.

✓ Du kannst gesunde, langfristige Beziehungen aufbauen und pflegen

Zwischenmenschliche Beziehungen sind eine komplexe Sache. Das gilt oft vor allem für die Beziehungen zwischen Liebenden, aber auch für die zwischen Verwandten oder Freunden. Ein Plus an emotionaler Intelligenz wirkt sich eindeutig positiv auf deine Beziehungen jeglicher Art aus. Du wirst die Menschen, die dir etwas bedeuten, dort abholen können, wo sie stehen, aus ihren Emotionen lernen und deinen Umgang mit ihnen entsprechend verbessern. Die Folge sind starke, gesunde und lebendige Beziehungen, die dein Leben noch mehr als zuvor bereichern. Außerdem wird es dir leichter fallen, neue Kontakte zu knüpfen und frische Beziehungen aufzubauen. Wenn du also auf der Suche nach einem Partner bist oder deinen Freundeskreis erweitern möchtest, kann dir die emotionale Intelligenz dabei behilflich sein.

✓ Du kannst Konflikte lösen

Du wirst in die Lage versetzt, Streit mit Freunden, dem Partner oder Verwandten als weniger belastend zu empfinden. Warum? Ganz einfach: Mit genügend emotionaler Intelligenz, weißt du, dass du die Konflikte lösen kannst und diese die jeweils bestehende Beziehung nicht ernsthaft bedrohen müssen. Du kannst einen Schritt auf dein Gegenüber zugehen oder dein Gegenüber sogar davon überzeugen, einen Schritt auf dich zuzugehen. Und auch, wenn du selbst gar nicht in den Streit involviert bist, kannst du als Mediator auftreten und den Streithähnen aus deinem nahen persönlichen Umfeld dabei helfen, ihre Krise zu bewältigen.

✓ Du kannst schwierige Situationen richtig bewerten

In deinem Leben wirst du immer wieder mit Situationen konfrontiert, die dich durcheinanderbringen. Du weißt nicht, was du glauben sollst, woran du bist und wie schlimm die Situation tatsächlich ist. Emotionale Intelligenz hilft dir dabei, solche Situationen richtig einzuschätzen und sie in der Folge besser zu handhaben. Du bekommst ein Gespür dafür, wem du was genau glauben kannst und weißt auch, wie Lügen zu enttarnen sind, ohne dein Gegenüber einem Gesichtsverlust auszusetzen.

✓ Du kannst zuhören und helfen

Je mehr emotionale Intelligenz du besitzt, desto wertvoller wirst du als Zuhörer. Du lernst, zwischen den Zeilen zu lesen und die tatsächliche Bedeutung einer Aussage zu erfassen, die über das gesprochene Wort hinausgeht. Du kannst dich in die Lage anderer hineinversetzen und ihnen auf dieser Basis fundiert weiterhelfen. Deine Freunde und Angehörigen werden diese Fähigkeit sicherlich zu schätzen wissen und mit jedem Gespräch wird das gegenseitige Vertrauen gestärkt.

✓ Du kannst deine Kinder zu emotional intelligenten Menschen erziehen

Solltest du Kinder haben, färbt deine emotionale Intelligenz auf diese ab. Du kannst ihnen ein Beispiel sein und Kompetenzen vermitteln, die sie zu emotional intelligenten Jugendlichen und Erwachsenen heranwachsen lassen. Außerdem ermöglicht dir die emotionale Intelligenz, besonders gut auf deine Kinder eingehen, sie in emotionalen Ausnahmesituationen - wie sie vor allem Kleinkinder in der Trotzphase und Teenies in der Pubertät häufig erleben - bestmöglich unterstützen und deinen Kindern die Erziehung zukommen lassen, die sie jeweils ganz individuell benötigen.

✓ Du kannst dein Leben verbessern

Kurzum: Mit emotionaler Intelligenz kannst du dein Leben verbessern. Du wirst besser mit dir selbst umgehen und für dich sorgen können, gesunde Beziehungen führen, den Alltag leichter meistern und dir selbst näher stehen, als je zuvor.

Im Berufsleben

Eine Umfrage der Jobbörse "CarrerBuilder" ergab, dass 71 % der Führungskräfte einem hohen EQ mehr Bedeutung zumessen, als einem hohen IQ. Goleman liegt also nicht falsch, wenn er den EQ auch als Erfolgsfaktor bezeichnet.

✓ Du kannst stressige Situationen besser meistern

Viele Berufe sind mit Stresssituationen verbunden, die in einer schönen Regelmäßigkeit auftauchen und dennoch oftmals dann kommen, wenn man sie am wenigsten erwartet. Als emotional intelligenter Mensch steigt deine Belastungsgrenze. Du kennst dich selbst und deinen emotionalen Zustand gut genug, um Ressourcen sinnvoll einsetzen und Stresssituationen bestmöglich bewältigen zu können.

✓ Du kannst Feedback angemessen geben und annehmen

Die Aussicht auf ein Feedback vom Boss lässt dich nicht länger vor Angst erstarren, sondern motiviert dich vielmehr dazu, dein verdientes Lob abzuholen oder die angebrachte Kritik als hilfreichen Wegweiser zur beruflichen Weiterentwicklung zu verstehen. Umgekehrt weißt du als emotional intelligenter Mensch, wie du Feedback formulieren musst, damit es bei deinem Gegenüber ankommt und es nicht niederschmettert, sondern aufbaut und fördert.

✓ Teamwork ist deine Stärke

Besonders hervortun kannst du deine Fähigkeiten, wenn du im Team arbeitest. Dort kannst du mit emotionaler Intelligenz als Koordinator, Mediator und Motivator auftreten und die Leistung des gesamten Teams auf eine andere Ebene heben. Du kannst dich hervorragend in ein Team integrieren, ganz egal, aus welchen Personen es sich zusammensetzt. Außerdem kannst du sowohl eine folgende, als auch eine führende Position spielend leicht einnehmen und dein Potenzial in der jeweiligen Rolle voll ausschöpfen.

✓ Du verbesserst das Betriebsklima

Wie Erfahrungen zeigen, wirkt sich die Anwesenheit emotional intelligenter Menschen äußerst positiv auf das Betriebsklima aus. Du trägst also dazu bei, dass sich deine Mitarbeiter wohl fühlen, konzentriert arbeiten können und trauen, ihre persönlichen Anregungen und Wünsche einzubringen.

✓ Du kannst Mitarbeiter motivieren

Du weißt genau, was du sagen und tun musst, um Mitarbeiter anzuspornen und ein intensives Motivationsgefühl in ihnen zu wecken. Du findest die richtigen Worte, um einzelne Personen individuell zu begeistern und steckst die anderen schon alleine durch deine eigene Motivation an.

✓ Du kannst erfolgreiche Gespräche führen

Gehört das Führen von Gesprächen in deinem Beruf zum Alltag? Dann profitierst du ganz besonders stark von mehr emotionaler Intelligenz. Indem du die emotionale Lage deines Gesprächspartners korrekt einschätzen kannst, kannst du das Gespräch in eine Richtung lenken, die dir gelegen kommt, ohne deinem Gesprächspartner ein Gefühl der Unterlegenheit oder Benachteiligung zu vermitteln. Du findest Kompromisse und schaffst Win-win-Situationen, und zwar ganz einfach deshalb, weil du weißt, was in deinem Gegenüber vorgeht, wie dessen Bestreben aussehen und wie es diesen Moment erlebt.

✓ Du bringst wertvolle Führungskompetenzen mit

Sämtliche beschriebenen Kompetenzen zeichnen eine hervorragende Führungskraft aus. Als emotional intelligenter Mensch scheust du dich zudem nicht, Verantwortung für andere zu übernehmen. Schließlich kennst du dich selbst und kannst auch die Mitarbeiter, die unter dir arbeiten, gut einschätzen. Du bringst visionäre Ideen und Vorstellungen mit ein, weißt, wann der richtige Zeitpunkt gekommen ist, um diese zu präsentieren und hast die Fähigkeit, deinen Mitarbeitern ein konsequenter Chef und zugleich ein vertrauenswürdiger Ansprechpartner zu sein.

✓ Du bist ein begehrter Arbeitnehmer

All diese Kompetenzen summieren sich zu einer Tatsache: Als emotional intelligenter Mensch bist du ein begehrter Arbeitnehmer. Wie eingangs erwähnt, wissen Führungskräfte die emotionale Intelligenz heutzutage durchaus zu schätzen und stellen den EQ in der Mehrheit sogar über den IQ. Mit einer hohen emotionalen Intelligenz besitzt du Kompetenzen, die äußerst gefragt sind und es werden sich dir Türen öffnen, deren Existenz du bislang noch nicht einmal erahnen kannst.

Emotionale Intelligenz erkennen

Woran lässt sich ein emotional intelligenter Mensch erkennen? Dies Frage ist sehr schwer zu beantworten und es lässt sich wohl niemals eine wirklich umfassende und zufriedenstellende Antwort darauf finden. Dennoch wagen wir einen Versuch und widmen und nachfolgend den Verhaltensweisen und Eigenschaften, die Menschen mit hoher emotionaler Intelligenz besonders häufig zeigen.

Interesse für andere

Menschen, die ein auffallend großes Interesse an den Wünschen, Ängsten, Interessen und Gefühlen anderer zeigen, sind häufig emotional intelligent.

Großer emotionaler Wortschatz

Emotional intelligente Menschen können ihre Gefühle in der Regel besonders treffend und detailliert beschreiben. Wo andere zwar fühlen, ihr Gefühl aber nicht in Worte fassen können, verfügen sie über die Gabe, ihren Gefühlszustand beschreiben und anderen begreiflich machen zu können.

Entschuldigungen fallen leicht

Außerdem haben sie keine Schwierigkeiten damit, sich zu entschuldigen, wenn sie es für angemessen halten. Entschuldigende Worte kommen ihnen leicht und ganz ohne Scham oder Hemmungen über die Lippen.

Fähigkeit, zu vergeben

Menschen mit hoher emotionaler Intelligenz verstehen, wie es dazu kommt, dass andere Fehler machen und sind daher nicht dafür bekannt, lange zu grollen. Sie sind nicht nachtragend und können für gewöhnlich vergleichsweise leicht und schnell vergeben.

Wenig Vorurteile

Personen, die Vorurteile verinnerlicht haben und nach diesen Leben, sind normalerweise nicht wirklich emotional intelligent. Eine vorurteilsfreie, offene und tolerante Haltung spricht im Umkehrschluss für einen hohen EQ.

Ehrliches Lob

Neid gehört nicht zu den Gefühlen, die emotional intelligente Menschen nicht unter Kontrolle halten können. Sie können sich ganz ehrlich mit anderen freuen und ihr Lob aufrichtig äußern.

Umgang mit Kritik

Wie bereits erwähnt, verschließen sich Menschen mit einem hohen EQ nicht angesichts einer berechtigten Kritik und reagieren auch nicht abweisend oder verärgert. Sie können konstruktives Feedback gut annehmen, dabei berücksichtigen, wie schwer oder leicht es dem Gegenüber gefallen ist, die Kritik zur Sprache zu bringen und dafür sorgen, dass kritische Worte die jeweilige Beziehung nicht belasten.

Selbstfürsorge

Da sich emotional intelligente Personen selbst gut kennen und ihre Bedürfnisse sehr klar wahrnehmen, kümmern sie sich gut um sich selbst. Sie wissen, was sie brauchen und auch, wie sie es sich geben können.

Selbstreflexion

Menschen mit ausgeprägter emotionaler Intelligenz reflektieren ihre Gedanken, Gefühle und Handlungen, gestehen sich Fehler ein und lernen aus ihren Erfahrungen. Sie verschließen die Augen nicht vor dem, was sie eventuell anders hätten machen sollen, sondern wissen, dass kein Mensch - und eben auch sie selbst nicht - perfekt ist, blicken vorwärts und genießen es, aus ihren eigenen Erlebnissen lernen zu können.

Stellen von Fragen

Außerdem fallen sie oft auf, weil sie besonders viele und besonders passende Fragen stellen. Sie fragen nichts, was den anderen in Verlegenheit bringen könnte, sondern nutzen ihre Fragen, um Dinge herauszufinden, die der andere bereit ist, mitzuteilen. Sie besitzen ein Gespür für die persönlichen Grenzen ihres Gegenübers, respektieren diese und zeigen dennoch ein großes Interesse.

Nein sagen

Menschen mit hohem EQ haben normalerweise keine Probleme damit, nein zu sagen. Sie tun nicht ausnahmslos alles, um anderen gerecht zu werden, sondern behalten auch ihre eigenen Bedürfnisse, Ziele und Wünsche im Blick und erteilen Absagen auf angemessene Weise, wenn sie dies für nötig halten. Sie wissen, dass es in Ordnung ist, nein zu sagen und können dies entsprechend tun, ohne sich später schlecht deswegen zu fühlen.

Den EQ bestimmen - geht das überhaupt?

Wie du dir vielleicht denken kannst, ist die Bestimmung des EQs eine recht komplexe und in vielerlei Hinsicht sehr vage Angelegenheit. Schon die Messung des IQs ist kaum absolut präzise möglich, beim EQ stellen sich allerdings Problematiken einer ganz anderen Größenordnung. Daher ist die Mehrheit der Forscher der Meinung, dass der EQ nicht präzise genug messbar ist, um eine große Aussagekraft zu besitzen. Einen Hinweis darauf, wie emotional intelligent die jeweilige Person ist, kann er aber schon geben. Zu diesem Zweck wird in der Regel mit Persönlichkeitstests gearbeitet, die sich größtenteils aus einer Vielzahl an Fragen mit zugehörigen Multiple-Choice Antworten zusammensetzen. Einen solchen Test findest du in Kapitel 8. Möchtest du deinen EQ tatsächlich möglichst genau in Zahlen messen, so kannst du dies mithilfe verschiedener Methoden und Tests tun, auf die wir nun einen genauen Blick werfen:

MSCEIT - Mayer-Salovey-Caruso Emotional Intelligence Test

Der MSCEIT ist bis heute der Test zur Messung von emotionaler Intelligenz, der weltweit am häufigsten herangezogen wird. Seinen Namen verdankt er den Entwicklern John D. Mayer, Peter Salovey und David R. Caruso. Voll ausgeschrieben steht das Kürzel MSCEIT nämlich für "Mayer-Salovey-Caruso Emotional Intelligence Test". Der EQ-Test eignet sich für Menschen zwischen 17 und 74 Jahren.

Entwicklung

Das dreiköpfige Forscherteam unternahm verschiedene Anstrengungen, darunter die Auswertung von 5000 Daten und die Prüfung des Tests in Bezug auf eine Korrelation mit gängigen Persönlichkeitstests, um einen aussagekräftigen und verlässlichen EQ-Test zu kreieren. Dies ist ihnen eindeutig gelungen: Der MSCEIT besitzt in seiner Gesamtheit eine Reliabilität von 0,98.

Bereiche und Durchführung

Der MSCEIT berücksichtigt folgende Bereiche:

- ✓ Die Wahrnehmung von Emotionen
- ✓ Wahrnehmung von Emotionen in Gesichtern
- ✓ Wahrnehmung von Emotionen in Kunstwerken und Landschaften
- ✓ Die Nutzung von Emotionen
- ✓ Vergleich von Emotionen mit sensorischen Stimuli
- ✓ Identifikation von Emotionen, die bestimmte geistige Leistungen positiv unterstützen

- ✓ Das Verständnis für Emotionen
- ✓ Identifikation mehrerer Emotionen in einem komplexen emotionalen Zustand
- ✓ Erkennen eines Zusammenhangs von einem Emotionswechsel und dem Umstand, der diesen hervorgerufen hat
- ✓ Die Beeinflussung von Emotionen
- ✓ Fähigkeit, den eigenen emotionalen Zustand zu beeinflussen
- ✓ Fähigkeit, die Emotionen anderer zum eigenen Vorteil zu beeinflussen

---

Insgesamt besteht der MSCEIT also aus acht Einzeltests unterschiedlicher Art, die durchlaufen werden müssen, damit eine Auswertung möglich ist.

Vorteile und Kritik

Der MSCEIT glänzt durch eine beachtliche Reliabilität, führt zu vergleichsweise sehr genauen Ergebnissen und kann kaum verfälscht werden. Bemängelt werden hauptsächlich ein Mangel an Transparenz bezüglich des Entwicklungsprozesses des Tests, die nicht ausreichend belegte Stichprobe zur Normierung und das Fehlen einer Begründung seitens der Entwickler, die darlegen würde, warum genau diese Kriterien für den Test ausgewählt wurden.

IE4 - Emotional Intelligence Inventar

Während der EQ in den USA standardmäßig mit dem MSCEIT ermittelt wird, findet in Deutschland zumeist das IE4 Verfahren Anwendung. IE4 steht dabei für "Emotional Intelligence Inventar“.

Entwicklung

Der IE4 Test stammt aus der Feder des deutschen Psychologen Dr. Lars Satow, der daneben für die Entwicklung des Big-Five-Persönlichkeitstests bekannt ist. Entsprechende Überprüfungen ergaben, dass der EQ-Test eine Reliabilität zwischen 70 und 84 besitzt.

Bereiche und Durchführung

Im Vergleich zum MSCEIT fällt der IE4 mit insgesamt 28 Items kurz und prägnant aus. Der Test kann in rund 15 Minuten durchlaufen werden. Jeder der folgenden Bereiche ist mit sieben Items vertreten:

- ✓ Empathie
- ✓ Menschenkenntnis
- ✓ Überzeugungskraft
- ✓ Emotionale Selbstkontrolle

Vorteile und Kritik

Wer bereit ist, zugunsten einer schnellen Durchführung gewisse Kompromiss bezüglich der Reliabilität zu machen, ist mit dem IE4 Test, der unkompliziert online durchlaufen werden kann, gut beraten.

ECI - Emotional Competence Inventory

ECI steht für "Emotional Competence Inventory". Dieser Test wurde von keinem geringeren als Goleman selbst entwickelt, kommt im deutschsprachigen Raum allerdings kaum zum Einsatz.

Entwicklung

Goleman entwickelte diesen EQ-Test vorwiegend, um die emotionale Intelligenz in Zusammenhang mit dem beruflichen Erfolg zu erfassen. Die Reliabilität dieses Tests schwankt zwischen 70 und 85.

Bereiche und Durchführung

Stilistisch entspricht der ECI Test einem recht klassischen Persönlichkeitstest. Berücksichtigt werden diese 19 Kompetenzen:

- Selbstwahrnehmung
- Emotionale Selbstwahrnehmung
- Akkurate Selbsteinschätzung
- Selbstbewusstsein
- Selbstmanagement
- Selbstkontrolle
- Transparenz
- Initiative
- Leistungsgedanke
- Optimismus
- Fähigkeit zur Anpassung
- Soziale Wahrnehmung
- Empathie
- Organisatorische Wahrnehmung

- Serviceorientierung
- Beziehungsmanagement
- Fähigkeiten in Bezug auf das Konfliktmanagement
- Inspirierender Führungsstil
- Weiterentwicklung anderer
- Teamfähigkeit
- Einfluss
- Bereitschaft zur Veränderung
- Kollaborationsfähigkeit

Bearbeitet werden insgesamt 72 Items, sodass die Bearbeitung des Tests recht zeitintensiv ist.

Vorteile und Kritik

Bemängelt wird häufig, dass Goleman nur einen sehr kleinen Stichprobentest durchgeführt hat, sodass die Normierung des ECI als wenig zuverlässig eingestuft wird.

EQ-i: The Emotional Quotient Inventory

The Emotional Quotient Inventory, kurz EQ-i, Test wurde von dem israelischen Psychologen Reuven Bar-On entwickelt. Geeignet ist dieser Test für Personen ab dem 17. Lebensjahr.

Entwicklung

Durch die Durchführung mehrerer Stichprobentests und großangelegter Studien mit dem EQ-i, gelang es Bar-On, einen EQ-Test mit einer durchschnittlichen Reliabilität von 85 zu kreieren.

Bereiche und Durchführung

Das Verfahren, das in 40 Minuten bewältigt werden kann, bezieht sich auf diese Bereiche, die jeweils in 15 zugehörige Kompetenzen untergliedert werden:

- ✓ Die intrapersonelle Intelligenz
- ✓ Die interpersonelle Intelligenz
- ✓ Die Anpassungsfähigkeit
- ✓ Das Stressmanagement
- ✓ Die Gemütslage

Alle Einzelergebnisse aus den fünf Bereichen, die sich aus den Fragen zu den jeweiligen 15 Kompetenzen ergeben, werden abschließend zu einem Gesamtergebnis verrechnet.

Vorteile und Kritik

Der EQ-i Test findet weltweit größtenteils Zuspruch und wird gerne herangezogen.

Daneben existieren einige weitere Testverfahren zur Ermittlung des EQs, die aber nur selten zum Einsatz kommen, teilweise wenig repräsentativ sind oder eine geringe Reliabilität aufweisen. Daher wird an dieser Stelle darauf verzichtet, weitere EQ-Tests vorzustellen.

Menschen mit unterschiedlich hohem EQ - Umgang im Alltag

Tagtäglich begegnest du vielen Menschen. Der EQ einiger mag deinem ungefähr entsprechen, der Großteil aber verfügt über - etwas bis deutlich - mehr oder weniger emotionale Intelligenz als du. Ist das der Fall, können auf zwischenmenschlicher Ebene Schwierigkeiten entstehen, von denen wir nun einige betrachten:

Schwierigkeit #1: Der emotional intelligente Mensch fühlt sich ausgenutzt

---

Wer über einen hohen EQ verfügt, ist oft sehr empathisch und in der Folge häufig überdurchschnittlich hilfsbereit. Er springt ein, wo er kann, leistet moralischen und emotionalen Beistand und bietet unter Umständen auch dann seine Hilfe an, wenn dies gar nicht von ihm erwartet wird. Wenn dieser Mensch dann selbst in eine Lage gerät, in der er Hilfe nötig hat, erfährt er möglicherweise, dass sein Gegenüber mit weniger hohem EQ nicht die gleiche Hilfsbereitschaft zeigt, die er ihm zuvor entgegengebracht hat. Da ist eine bittere Enttäuschung vorprogrammiert.

Schwierigkeit #2: Der emotional weniger intelligente Mensch wird ausgenutzt

---

Menschen mit sehr ausgeprägter emotionaler Intelligenz sind durchaus in der Lage dazu, andere zu ihren eigenen Gunsten zu beeinflussen. Das bedeutet nicht, dass diese Menschen zwangsläufig manipulativ sind. Doch wenn sie ihre emotionale Intelligenz dazu nutzen wol len, anderen ihren Willen auf sehr dezente Weise aufzuzwingen, können sie weniger emotional intelligente Personen definitiv ausnutzen. Ob diese Personen dann überhaupt merken, dass sie manipuliert und ausgenutzt werden, hängt von der individuellen Situation ab und ist nicht zwingend immer der Fall.

Schwierigkeit #3: Emotionale Gespräche verlaufen nicht zufriedenstellend

Führen zwei Menschen mit deutlich unterschiedlich hohem EQ eine Beziehung, kann dies ein Nährboden für Konflikte sein. Der emotional Intelligentere möchte über seine Gefühle sprechen, kann diese gut zum Ausdruck bringen und will von seinem Partner verstanden werden. Der Partner mit weniger hohem EQ tut sich dagegen schwerer damit, über seine Emotionen zu sprechen und ist möglicherweise gar nicht in der Lage dazu, die Emotionen seines Gegenübers zu verstehen. Aus diesen Gründen enden Gespräche mit emotionaler Thematik häufig damit, dass beide Parteien unzufrieden sind.

Schwierigkeit #4: Der Mensch mit höherem EQ erwartet zu viel

Wer einen sehr hohen EQ besitzt, die Emotionen der Menschen um sich herum wahrnehmen, deuten und verstehen kann, vergisst leicht, dass anderen die Fähigkeiten dazu fehlen können. Ein Beispiel: Person A mit hohem EQ bemerkt immer sofort, wenn Person B traurig ist, spricht dies an und kümmert sich um Person B. Nun ist Person A traurig und Person B ignoriert dies scheinbar. Person A geht davon aus, dass Person B die Trauer bemerkt, aber bewusst nicht darauf eingeht. Derweil ist Person B tatsächlich völlig ahnungslos und hat gar nichts davon mitbekommen, dass Person A traurig ist.

Schwierigkeit #5: Der Mensch mit niedrigerem EQ kann nicht folgen

Bleiben wir bei unserer Aufteilung: Person A besitzt viel emotionale Intelligenz, Person B deutlich weniger. Wenn die beiden nun ein Gespräch über gemeinsame Freunde und deren Beziehung, die gerade in einer Krise steckt, führen, besitzt Person A wahrscheinlich deutlich mehr Informationen über die Emotionen der beiden Freunde, den Auslöser der Krise und das Befinden der beiden Parteien. Person B hat lediglich die konkrete Situation erfasst. Sprechen die beiden nun darüber, wird Person B Probleme damit haben, den Argumenten, Kommentaren und Aussagen von Person A zu folgen. Ganz einfach deshalb, weil eine Diskrepanz - verursacht durch den EQ - zwischen dem jeweiligen Informationsstand besteht.

Trotz allen Hürden und Schwierigkeiten, muss der Umgang zwischen Menschen mit unterschiedlich hohem EQ nicht zwangsläufig kompliziert und konfliktbehaftet sein. Das gilt zumindest dann, wenn alle Beteiligten die folgenden Tipps beherzigen:

✓ Von sich nicht auf andere schließen

Das Erkennen und Anerkennen der Andersartigkeit des Gegenübers ist eine absolute Grundvoraussetzung für einen harmonischen, missverständnisarmen Umgang. Die Parteien müssen sich eingestehen, in puncto emotionale Intelligenz nicht auf der selben Wellenlänge zu sein und verstehen, dass dies ein Grund dafür ist, dass der jeweils andere anders denkt und handelt, als man selbst.

✓ Die individuellen Fähigkeiten des anderen akzeptieren und schätzen

Einen hohen EQ zu besitzen ist oft von Vorteil, doch ein niedriger EQ schmälert keinesfalls den Wert eines Menschen. Emotional wenig intelligente Menschen verfügen über andere Fähigkeiten, die ebenfalls schätzenswert und nützlich sein können. Wenn sich alle Beteiligten so akzeptieren, wie sie sind und lernen, sich gegenseitig trotz ihrer unterschiedlichen Fähigkeiten zu respektieren und wertzuschätzen, ist ein gutes Miteinander absolut möglich.

✓ Das Gespräch suchen

Um diese ersten beiden Tipps umsetzen zu können, sind oftmals offene Gespräche nötig, in denen alle Parteien aufrichtig aussprechen, was sie stört, aufregt, irritiert oder verwundert. Nur wer ehrlich miteinander spricht, hat die Chance, den zwischenmenschlichen Umgang langfristig zu verbessern.

✓ Aus Konflikten und Schwierigkeiten lernen

Kommt es zu Konflikten oder tauchen Schwierigkeiten auf, gilt es, diese zu bewältigen und vor allem aus ihnen zu lernen. Wird analysiert, wie es zum jeweiligen Problem kam und inwiefern die beteiligten Personen dazu beigetragen haben, lassen sich Wege, Regeln und Umgangsformen finden, mit denen das Entstehen dieser Probleme in der Zukunft vermieden werden kann.

Das Wichtigste in Kürze

- ✓ Laut Goleman setzt sich emotionale Intelligenz aus fünf Hauptmerkmalen und zwölf Kompetenzen zusammen.
- ✓ Die Forschung unterscheidet größtenteils Ability EI, Trait EI und Mixed EI als verschiedene Unterarten der emotionalen Intelligenz.
- ✓ Parallel zu Golemans Konzept ist die Zusammensetzung der EI aus vier Grundfähigkeiten - Selbstwahr

✓ nehmung, Selbstmanagement, Fremdwahrnehmung und Beziehungsmanagement - gängig.

✓ Ein hoher EQ bringt zahlreiche Vorteile mit sich, die sich nicht nur im beruflichen, sondern auch im privaten Kontext zeigen.

✓ Es existieren verschiedene anerkannte EQ-Tests, darunter der MSCEIT, der IE4 und der EQ-i.

✓ Der Umgang zwischen Personen mit unterschiedlich hohem EQ kann sich manchmal schwierig gestalten. Dennoch ist ein harmonisches Miteinander durchaus möglich.

Kapitel 7: Die Kehrseite des hohen EQs

Bislang haben wir uns vorwiegend mit den positiven Auswirkungen eines hohen EQs beschäftigt. Tatsache ist aber, dass ein hoher EQ auch Nachteile mit sich bringen kann.

Negative Aspekte eines hohen EQs

Diese negativ bewerteten Aspekte werden mit ausgeprägter emotionaler Intelligenz in Verbindung gebracht:

Rücksichtslosigkeit und Manipulation

Aus der Zusammenarbeit mehrerer Wissenschaftler, unter anderem der Universitäten in Toronto und Amsterdam, entstand eine Studie[1], die erstmals 2011 im Fachmagazin Psychological Science veröffentlicht wurde. Die Forscher beobachteten, dass emotional intelligente Personen mit einer Neigung zur Manipulation wenig Skrupel hatten, andere Menschen in der Öffentlichkeit zu blamieren, um ihre Ziele schneller zu erreichen oder selbst besser dazustehen. Dies deutet darauf hin, dass emotionale Intelligenz in Verbindung mit der Bereitschaft, zu manipulieren, zu rücksichtslosem Verhalten führen kann.

Narzissmus

ScienceDirect veröffentlichte 2015 eine weitere interessante Untersuchung[2], die aufzeigt, dass eine verblüffend starke Korrelation zwischen Narzissmus und einem hohen EQ besteht.

Eingeschränkte rationale Entscheidungsfähigkeit

Andererseits gelten emotional intelligente Menschen als enorm mitfühlend und dadurch sehr hilfsbereit. Der Psychologe Claus Lamm aus Wien stellte Probanden vor das - in Psychologenkreisen bekannte -

1 https://journals.sagepub.com/doi/abs/10.1177/0956797611416251

2 https://www.sciencedirect.com/science/article/abs/pii/S0191886914000452

Trolley-Dilemma[3]. Die Ausgangssituation: An zwei nebeneinander angeordneten Gleisen finden Bauarbeiten statt. Fünf Arbeiter arbeiten an Gleis A, Gleis B wird von einem einzelnen Arbeiter bearbeitet. Ein Zug kommt auf Gleis A angerast. Die Probanden wurden nun mit der Möglichkeit konfrontiert, die Weichen umzustellen, sodass der Zug, bevor er die Arbeiter an Gleis A erreicht, auf Gleis B wechselt, wo er den dort beschäftigten Arbeiter mit absoluter Sicherheit töten würde. Werden die Weichen nicht umgestellt, sterben die fünf Arbeiter auf Gleis A. Solche Szenarien wurden bereits sehr vielen Menschen vorgesetzt, wobei sich die meisten für das Umstellen der Weichen - also für die Rettung der größeren Anzahl von Menschen - entschieden. Auch die emotional intelligenten Probanden entschieden sich zum Großteil dafür, doch sie mussten deutlich länger darüber nachdenken und es fiel ihnen maßgeblich schwerer, die Entscheidung zu treffen.

Emotionales Burnout - wenn der EQ krank macht

Wer wahrnimmt, versteht und fühlt, was andere fühlen, läuft Gefahr, auf ein emotionales Burnout zuzusteuern. Zumindest dann, wenn die Gefühle anderer über die eigenen gestellt werden. Viele Menschen mit hohem EQ schaffen es durch Fähigkeiten, die unter die Bereiche Selbstwahrnehmung und Selbstmanagement fallen, ein gutes Gleichgewicht zu halten und ihre psychische Gesundheit nicht zu gefährden. Führt das Verstehen und Mitfühlen zu enormem Stress, der nicht ausgeglichen wird, stellt das emotionale Burnout aber durchaus ein relevantes Risiko dar. Das emotionale Burnout ist eine Art des Burnout Syndroms und macht sich mitunter durch diese Symptome bemerkbar:

- ✓ Erschöpfung auf körperlicher, geistiger und emotionaler Ebene
- ✓ Sozialer Rückzug
- ✓ Rastlosigkeit
- ✓ Schlafstörungen

[3] https://journals.plos.org/plosone/article?id=10.1371/journal.pone.0047698

- ✓ Müdigkeit
- ✓ Gefühl, ausgenutzt zu werden
- ✓ Gefühl der Überforderung
- ✓ Hilflosigkeitsgefühl
- ✓ Pessimismus
- ✓ Innere Leere
- ✓ Getrübte Stimmung bis hin zur Niedergeschlagenheit
- ✓ Antriebslosigkeit
- ✓ Stimmungsschwankungen
- ✓ Reizbarkeit
- ✓ Übelkeit und Verdauungsprobleme
- ✓ Kopfschmerzen

Jeder Betroffene erlebt seine Erkrankung auf unterschiedliche Art und Weise, wobei sich die einzelnen Symptome verschieden stark zeigen und die Kombination der Symptome variiert. Zumeist schleicht sich das Burnout langsam ins Leben. Es beginnt mit leichten Konzentrationsstörungen, man ist etwas müder als sonst oder hat weniger Appetit. Nach und nach verstärken sich die Symptome. Wird dann nicht korrekt reagiert, kann sich die Lage drastisch verschlimmern. Es ist nicht unüblich, dass Menschen, die über einen längeren Zeitraum hinweg an einem (emotionalen) Burnout leiden, irgendwann so verzweifelt sind, dass Suizidgedanken an der Tagesordnung stehen.

Solltest du Symptome eines (emotionalen) Burnouts an dir beobachten, gilt es, diese unbedingt ernst zu nehmen. Betroffene neigen häufig dazu, ihre Beschwerden herunterzuspielen, zum Teil auch deshalb, weil sie sich diese selbst nicht eingestehen wollen. Keine Frage: Es ist schwer, zu erkennen, dass "irgendetwas nicht stimmt". Man möchte der Sache nicht in die Augen sehen, hat Angst und bevorzugt die Verdrängung. Doch in den allermeisten Fällen verschwinden die Symptome nicht, sondern verschlechtern sich mit jedem Tag, an dem das grundlegende Problem nicht anerkannt und folglich keine Behandlung in Angriff genommen wird. Aus diesem Grund ist ein Besuch beim Arzt unausweichlich und je schneller geeignete Maßnahmen ergriffen werden, desto eher findet man in aller Regel seinen Weg zurück zu einer gesunden Psyche. Zögere in einem solchen Fall also nicht, ärztlichen Rat einzuholen und gegebenenfalls therapeutische und medikamentöse Hilfe in Anspruch zu nehmen. Es gibt immer einen Weg - du musst die Kraft finden, in die richtige Richtung zu gehen.

Das Wichtigste in Kürze

- ✓ Emotionale Intelligenz korreliert, wie Studien aufzeigen, in gewissem Maße mit rücksichtslosem, manipulativem Verhalten und Narzissmus.
- ✓ Außerdem fällt es Menschen mit hohem EQ schwerer, rationale Entscheidungen zu treffen.
- ✓ Eine ausgeprägte emotionale Intelligenz kann unter Umständen zu einem emotionalen Burnout führen. Dann ist professionelle Hilfe gefragt.

Kapitel 8: Emotionale Intelligenz in der Praxis

Bislang haben wir uns der emotionalen Intelligenz lediglich auf theoretischer Ebene zugewandt. Höchste Zeit also, endlich die Praxis ins Visier zu nehmen. In diesem Kapitel hast du die Möglichkeit, einen Test zur Einschätzung deines EQs zu machen. Außerdem findest du zahlreiche Anregungen und Tipps sowie konkrete Übungen, die dich dabei unterstützen, deine emotionale Intelligenz gezielt auszubauen. Ärmel hochkrempeln und los geht's!

Selbsttest: Wie hoch ist mein EQ?

Der folgende Test beruht ausdrücklich nicht auf wissenschaftlichen Standards und ist nicht dafür konzipiert, deinen EQ genau und verlässlich zu messen. Er soll dir lediglich eine grobe Einschätzung darüber liefern, wie stark deine persönliche emotionale Intelligenz ausgeprägt ist. Wie du dir wahrscheinlich selbst denken kannst, steht und fällt die Aussagekraft des Tests mit der Ehrlichkeit deiner Antworten. Nimm dir also Zeit und lies dir die jeweiligen Fragen und Antwortmöglichkeiten genau durch. Der Test besteht insgesamt aus vier Teilen, die sich jeweils mit einer der vier Grundfähigkeiten befassen, die du aus Kapitel 6 kennst.

Teil 1: Die Selbstwahrnehmung

Beurteile, inwiefern die folgenden Aussagen auf dich zutreffen:

Aussage 1:

Wenn ein Gefühl in mir aufkommt, weiß ich sofort, um welches Gefühl es sich handelt.

A. Nein. Gefühle zu identifizieren kostet mich große Anstrengung und gelingt mir in so manchem Fall gar nicht.

B. Oft weiß ich direkt, was ich gerade fühle. Wenn mehrere Emotionen durcheinanderwirbeln, fällt es mir aber schwer, sie voneinander zu trennen und mehr als nur ein großes "Chaos" zu sehen.

C. Ja. In der Regel bereitet es mir keine Schwierigkeiten, meine Gefühle zu erkennen.

Aussage 2:

Wenn ich an ein bestimmtes Gefühl denke, kann ich spüren, wie es sich anfühlt.

A. Nein. Wie soll das überhaupt funktionieren?

B. Manchmal, wenn ich mich ohnehin schon in einer ähnlichen Stimmung befinde.

C. Ja. An Gefühle, die ich schon mehrfach gespürt habe, kann ich mich bestens erinnern.

Aussage 3:

Ich kann einschätzen, wie ich auf andere wirke.

A. Nein, schließlich kann ich keine Gedanken lesen. Eigentlich ist mir das aber auch egal. Wer mich nicht mag, ist selbst schuld.

B. Ich habe eine grobe Vorstellung, zweifle aber öfter daran und verbringe viel Zeit damit, darüber nachzudenken, was andere wohl von mir halten.

C. In den meisten Situationen weiß ich genau, wie andere mich wahrnehmen.

Aussage 4:

Meine Gefühle ergeben für mich einen Sinn.

A. Ich wünschte, das wäre so. Am liebsten würde ich meine Gefühle loswerden.

B. Manchmal ja, manchmal nein. Wenn ich keinen Sinn erkennen kann, schaue ich genauer hin und versuche, das jeweilige Gefühl zu verstehen. Schließlich ist es nicht ohne Grund aufgetaucht.

C. Ja. Meine Gefühle sind für mich mitunter Wegweiser, die mir Dinge mitteilen, die mir ohne sie entgangen wären.

Aussage 5:

Ich erkenne, ob und inwiefern ein Gefühl meine Gedanken beeinflusst.

A. Nein, Gefühle und Gedanken kann ich kaum trennen, geschweige denn eine Verbindung zwischen ihnen herstellen.

B. Ich beobachte oft, dass meine Gedanken von meinen Gefühlen beeinflusst werden. Wie genau sich dieser Einfluss auswirkt, kann ich normalerweise aber erst im Nachhinein beurteilen.

C. Der Zusammenhang zwischen Gefühlen und Gedanken ist mir fast immer absolut klar. Ich erkenne den gegenseitigen Einfluss in dem Moment, in dem er stattfindet.

Aussage 6:

Dass ich eine Handlung aus einem Gefühl heraus ausführen, erkenne ich in dem Moment, in dem ich sie ausführe oder zuvor.

A. Wenn das so wäre, hätte ich vieles anders gemacht.

B. Das kommt auf die Situation an. Sehr starke Gefühle verleiten mich zu affektiven Handlungen, wobei mir der Gefühlseinfluss im Moment des Handelns oft nicht oder nicht in vollem Maße klar ist.

C. Ja. Das bedeutet nicht, dass ich den gefühlsbeeinflussten Handlungsimpulsen nie nachgebe. Ich bin mir dann aber voll bewusst darüber, dass die Handlung zu einem großen Teil von meinen Gefühlen bestimmt wird.

Aussage 7:

Wenn ich mir bestimmte Szenarien, zum Beispiel den Tod eines geliebten Angehörigen oder das Bestehen einer wichtigen Prüfung, ausmale, kann ich mir sehr gut vorstellen, wie ich mich in der entsprechenden Situation fühlen würde.

A. Nein, und das interessiert mich auch nicht sonderlich. Ich werde es wissen, sobald es soweit ist.

B. Ich habe Vermutungen, bin mir aber nicht sicher.

C. Ich weiß ziemlich genau, wie ich mich in solchen Situationen fühlen würde und kann die entsprechenden Gefühle nahezu spüren, wenn ich an sie denke.

Aussage 8:

Ich glaube, dass ich die Gefühle, die ich habe, immer wahrnehme.

A. Nein. Ich bin mir sicher, dass vieles an mir vorbeigeht.

B. Ich denke, dass ich die meisten meiner Emotionen mitbekomme.

C. Ja. Was das betrifft, entgeht mir eigentlich nichts.

Aussage 9:

Ich bin ein gefühlsbetonter, sensibler Mensch.

A. Nicht wirklich. Gefühle sind für mich eher ein mehr oder weniger notwendiges Übel, das ich so gut wie möglich zu verbergen versuche.

B. Ich würde mich schon als gefühlsbetonten Menschen bezeichnen, kenne aber viele Personen, die deutlich sensibler sind, als ich es bin.

C. Ja, eindeutig.

Teil 2: Selbstmanagement

Wähle die Antwort beziehungsweise das Satzende, die/das deiner Meinung nach am ehesten zutrifft.

Frage 1:

Wie verhältst du dich, wenn du ein starkes Gefühl empfindest?

A. Wenn es sich gut anfühlt, genieße ich es. Fühlt es sich schlecht an, versuche ich es, zum Beispiel mit Alkohol oder Drogen, zu betäuben.

B. Ich lasse es voll und ganz zu. Gefühle sind manchmal dazu da, um sich davon leiten zu lassen.

C. Ich beobachte es und versuche, mein Denken und Handeln in Anbetracht des starken Gefühlseinflusses besonders sorgfältig zu analysieren.

Frage 2:

Ein Freund hat eine Bemerkung gemacht, die dich verletzt. Wie reagierst du?

A. Ich sage etwas, das ihn hoffentlich noch mehr verletzt.

B. Ich versuche mir nichts anmerken zu lassen und lächle die Situation einfach weg.

C. Ich spreche ihn darauf an und lasse ihn freundlich aber bestimmt wissen, dass er meine Gefühle verletzt hat.

Frage 3:

Ein Kollege, mit dem du im Team arbeitest, hat seinen Teil der gemeinsamen Aufgabe nicht erledigt. Du bist wütend. Was tust du?

A. Ich schreie ihn vor versammelter Mannschaft an. Das kann ja wohl nicht wahr sein!

B. Ich werfe ihm einen enttäuschten Blick zu und erledige seinen Teil der Arbeit dann einfach selbst.

C. Ich frage ihn, warum er die Aufgabe nicht erledigt hat. Dann bitte ich ihn, in Zukunft zuverlässiger zu sein und wir bearbeiten den Rest gemeinsam.

Frage 4:

Wenn ich mich einsam fühle...

A. ...zerfließe ich in Selbstmitleid, ziehe mich zurück und bade in meiner Einsamkeit.

B. ...frage ich mich, warum ich so allein bin. Vielleicht kann ich etwas tun, um das zu ändern?

C. ...rufe ich meine Mutter an, schreibe einem Freund und versuche, mich zu verabreden. Schließlich lässt sich gegen die Einsamkeit etwas tun.

Frage 5:

Seit einigen Tagen verspürst du immer wieder ein bestimmtes Gefühl, das du nicht deuten kannst. Was tust du?

A. Ich bin genervt und ignoriere es, so gut ich kann.

B. Ich ärgere mich, weil mir da wohl etwas entgangen ist und verbringe Stunden damit, darüber nachzudenken und das Gefühl zu identifizieren.

C. Ich will zwar herausfinden, was genau das für ein Gefühl ist und nachvollziehen, was es ausgelöst hat, gehe die Sache aber nicht krampfhaft an. Ich beobachte mich einfach genau und vertraue darauf, dass ich Aussage und Wirkung des Gefühls erkenne, wenn es wirklich wichtig ist. Schließlich kann ich mich in dieser Hinsicht auf mich selbst verlassen.

Frage 6:

Du bist Hals über Kopf verliebt und glaubst, dass die Person, die dein Herz erobert hast, dasselbe empfinden könnte. Wie gehst du vor?

A. Gar nicht. Nachher täusche ich mich und stehe blöd da.

B. Ich frage Freunde nach ihrer Meinung und höre mich um, ob vielleicht jemand was weiß. Sollte sich mein Verdacht bestätigen, traue ich mich vielleicht, die Person auf einen Drink einzuladen.

C. Ich erkenne normalerweise direkt, was Menschen für mich empfinden. Deshalb spreche ich die Person an und hoffe, dass wir ein gemeinsames Happy End finden.

Frage 7:

Ich empfinde meine Gefühle als...

A. ...Belastung. Sie hemmen mich und halten mich von dem ab, was ich eigentlich tun und sein möchte.

B. ...als angenehm und sinnvoll oder aber als Hindernis. Je nachdem, was ich gerade fühle.

C. ...wichtig und hilfreich. Sie sind ein unverzichtbarer Teil von mir, liefern wichtige Hinweise und helfen mir dabei, die richtigen Entscheidungen für mich zu treffen.

Frage 8:

Kennst du es, von deinen Gefühlen überwältigt zu werden?

A. Ja, das passiert mir ständig. Dann übernehmen meine Gefühle die Kontrolle und ich bin nahezu handlungsunfähig.

B. Ja, das geschieht ab und zu.

C. Ja, aber wenn das passiert, weiß ich, was zu tun ist. Ich setze mich mit meinen Gefühlen auseinander und schaffe es in der Regel sehr gut, mit ihnen fertig zu werden.

Frage 9:

Hast du den Eindruck, deine Gefühle kontrollieren zu können?

A. Absolut nicht. Meine Gefühle machen meistens, was sie wollen. Und sie wollen oft etwas anderes als ich.

B. Ich kann sie manchmal beeinflussen, aber niemals kontrollieren.

C. Wenn sie kontrollierbar sind, kann ich sie kontrollieren. Ich weiß aber, dass Kontrollieren niemals Verdrängen bedeutet und sich nicht jedes Gefühl zu 100 % kontrollieren lässt.

Teil 3: Fremdwahrnehmung

Wähle die Antwort beziehungsweise das Satzende, die/das deiner Meinung nach am ehesten zutrifft.

Frage 1:

Die Gesichter anderer Menschen verraten mir...

A. ...nicht viel.

B. ...so einiges. Wenn jemand sehr müde oder glücklich ist, erkenne ich das zuverlässig.

C. ...fast alles. Ein Gesicht sagt mehr als tausend Worte.

Frage 2:

Wenn ein Mensch leise und undeutlich redet, ist er...

A. ...eine Zeitverschwendung. Warum sollte ich ihm zuhören?

B. ...vielleicht erkältet. Oder er hat einen Sprachfehler? Vielleicht ist es auch die Aufregung oder er ist traurig. Das sollte ich dringend genauer herausfinden!

C. ...sehr aufgeregt, beschämt oder traurig. Genaueres kann ich sagen, wenn ich seine Haltung und Mimik sehe.

Frage 3:

Die Gefühle anderer Personen...

A. ...sind mir größtenteils egal. Ich komme ja nicht mal mit meinen eigenen klar.

B. ...sind mir oft wichtiger als meine eigenen.

C. ...interessieren, faszinieren und beschäftigen mich.

Frage 4:

Wenn eine Person traurig ist, dann...

A. ...ist das ihr Problem.

B. ...sagt sie mir das hoffentlich. Vielleicht kann ich ihr helfen?

C. ...bekomme ich das sofort mit und versuche, bestmöglich darauf einzugehen.

Frage 5:

Wenn ich einen Raum betrete...

A. ...hä? Was soll dann sein?

B. ...versuche ich, mir einen Überblick über die Situation und die anwesenden Menschen zu verschaffen.

C. ...habe ich intuitiv ein Gespür dafür, wie die Laune ist. Ich kann die Beziehungen zwischen verschiedenen Anwesenden einschätzen und mein Verhalten entsprechend anpassen.

Frage 6:

Die Gefühle mir nahestehender Menschen sind für mich...

A. ...oft ein Rätsel. Menschen, die mir etwas bedeuten, würde ich gerne unterstützen, aber ich weiß nicht, wie das gehen soll.

B. ...das Wichtigste auf der Welt. Ich versuche immer, sie nicht zu verletzen und würde alles tun, damit es den Menschen um mich herum gut geht.

C. ...sehr wichtig und normalerweise gut nachvollziehbar. Ich kann sie verstehen, was wahrscheinlich ein Grund dafür ist, dass wir uns so nahestehen.

Frage 7:

Wie bewertest du deine Menschenkenntnis?

A. Ganz ehrlich? Meine Menschenkenntnis ist recht miserabel. Ich lasse mich ständig auf die falschen Leute ein.

B. Meine Menschenkenntnis ist durchschnittlich, würde ich sagen. Ich liege mit meinen diesbezüglichen Einschätzungen genauso oft richtig, wie ich mich irre.

C. Hervorragend. Ich kann Menschen schnell und zuverlässig einschätzen und täusche mich dabei nur sehr selten.

Frage 8:

Wenn jemand Hilfe braucht, dann...

A. ...soll er mich danach fragen.

B. ...möchte ich helfen. Sagt mir, was ich tun kann!

C. ...bin ich zur Stelle und kann für gewöhnlich einschätzen, wie genau ich helfen kann.

Frage 9:

Ein guter Freund ist kürzlich verlassen worden. Ihr verbringt einen gemeinsamen Abend und er schwärmt die ganze Zeit über von seinem perfekten Leben. Du denkst...

A. ...schön für ihn.

B. ...seltsam. Müsste es ihm nicht eigentlich schlechter gehen? Zumindest ein bisschen?

C. ...er versucht wohl, seinen Kummer vor sich selbst zu verstecken. Wenn er soweit ist, wird er über seine Trauer reden, aber heute braucht er wohl Distanz.

Frage 10:

Glaubst du, die Gefühle und Absichten anderer Menschen gut einschätzen zu können?

A. Definitiv nicht.

B. Manchmal. Das kommt darauf an, wie gut ich die Person kenne.

C. Ja. Mir macht keiner so leicht was vor.

Teil 4: Beziehungsmanagement

Wähle die Antwort beziehungsweise das Satzende, die/das deiner Meinung nach am ehesten zutrifft.

Frage 1:

Unter Menschen fühle ich mich...

A. ...oft sehr unwohl.

B. ...manchmal wohl, manchmal unwohl. Kommt immer auf die Menschen an.

C. ...meistens wohl.

Frage 2:

Ein Freund ruft dich an. Ihr redet über Belangloses, aber seine Stimme klingt irgendwie anders als sonst. Was tust du?

A. ...nichts. Wenn er was zu sagen hat, wird er es mir schon sagen.

B. ...ich spreche ihn direkt darauf an. Mal sehen, was los ist.

C. ...ich taste mich vorsichtig voran. Schließlich will ich ihn nicht zwingen, über etwas zu reden, das er im Moment vielleicht noch nicht besprechen möchte.

Frage 3:

Eine Freundin ruft dich völlig aufgelöst an. Ihr Partner hat sie verlassen und sie steht offensichtlich neben sich. Wie reagierst du?

A. ...ich bin überfordert und weiß nicht, was ich sagen oder tun soll.

B. ...ich frage sie, wie ich ihr helfen kann und versichere ihr, dass es mir sehr leid tut.

C. ...ich weiß genau, was ihr jetzt guttut und setzte das Jeweilige sofort um.

Frage 4:

Eine nahestehende Person kritisiert dich. Wie gehst du damit um?

A. Ich widerspreche vehement.

B. Ich bin verletzt, versuche aber, mit nichts anmerken zu lassen und lasse die Sache auf sich beruhen.

C. Ich versuche, die Kritik zu verstehen, stelle diesbezüglich Fragen und hoffe, dass ich etwas daraus lernen kann.

Frage 5:

Wenn ich einen Fehler gemacht habe...

A. ...versuche ich ihn zu vertuschen.

B. ...schäme ich mich dafür, gebe ihn aber nur widerwillig zu.

C. ...gebe ich das zu und entschuldige mich aufrichtig. Fehler gehören zum Leben.

Frage 6:

In meinem Freundeskreis bin ich bekannt als...

A. ...bekannt? Würde mich wundern, wenn ich für etwas bekannt wäre.

B. ...guter Zuhörer und Spaßkanone zugleich.

C. ...Go-To-Person in allen Lebenslagen.

Frage 7:

Du hast dich mit deinem besten Freund gestritten. Was tust du?

A. ...ich hake die Freundschaft ab. Wer nicht will, der hat schon.

B. ...ich fühle mich schlecht und entschuldige mich, auch wenn ich eigentlich nicht weiß, was ich falsch gemacht habe.

C. ...ich versuche, seine Perspektive zu verstehen und strebe ein klärendes Gespräch an.

Frage 8:

Wenn sich ein Freund unwohl fühlt, dann...

A. ...ist das nicht weiter schlimm, solange ich mich wohl fühle.

B. ...tut mir das sehr leid für ihn. Aber was soll ich schon machen?

C. ...weiß ich, was ich tun kann, um das zu ändern.

Frage 9:

Fällt es dir leicht, Kontakt aufzubauen und Beziehungen zu pflegen?

A. Absolut nicht.

B. Ersteres nein, Letzteres ja oder umgekehrt.

C. Ja. Ich weiß, wie ich angemessen auf Menschen zugehen kann und was nötig ist, um langfristige Beziehungen zu erhalten.

Auswertung

Du hast den EQ-Selbsttest vollständig durchlaufen? Dann wird es Zeit für die Auswertung. Zähle, wie oft du jeweils A, B und C gewählt hast und lese hier nach, was das über den Ist-Zustand deiner emotionalen Intelligenz aussagt.

Überwiegend Antwort **A**

Wenn du hauptsächlich A angekreuzt hast, gehört emotionale Intelligenz momentan nicht zu deinen Stärken. Deine eigenen Emotionen sind dir oft ein Rätsel, das du als hinderlich und beschwerend wahrnimmst. Du weißt nicht, wie du deine Gefühle kontrollieren kannst und tust dir schwer damit, die Gefühle anderer einzuordnen. Die gute Nachricht: Du hast es in der Hand, deine emotionale Intelligenz zu verbessern und kannst mit den Tipps und Übungen in diesem Kapitel damit beginnen.

Überwiegend Antwort **B**

Du hast dich größtenteils für Antwort B entschieden? Dann befindet sich deine emotionale Intelligenz auf einem durchschnittlichen Niveau. Du kannst dich oft in die Gefühlslage anderer Menschen hineinversetzen, bist bestrebt, diesen entgegenzukommen und kannst deine eigenen Gefühle als nützlich anerkennen. Dennoch brauchst du deine Zeit, bis du Menschen einschätzen kannst und hast manchmal Schwierigkeiten, deine eigenen Gefühle als wichtig anzuerkennen sowie zu kontrollieren. Feile an deiner emotionalen Intelligenz und du wirst feststellen, dass du das Potenzial zum emotionalen Genie hast.

Überwiegend Antwort **C**

Wenn du überwiegend Antwort C gewählt hast, bist du hochbegabt, was die emotionale Intelligenz betrifft. Deine eigenen Gefühle und die Gefühle anderer Menschen sind für dich verständlich, sinnvoll und nachvollziehbar. Du hast stets die Fühlen-Denken-Handeln-Kette im Blick und bist, bei Bedarf, auch in der Lage dazu, deine Fähigkeiten zu deinem Vorteil zu nutzen. Trotzdem könnte es hilfreich für dich sein, einen Blick auf die folgenden Tipps und Übungen zu werfen. Schließlich ist ein "Mehr" immer möglich.

10 Tipps zum Erhöhen des EQs

Diese Tipps können dich dabei unterstützen, deine emotionale Intelligenz zu erhöhen. Dabei ist zu beachten, dass nicht jedes Vorgehen jedem Menschen hilft. Lies dir die Tipps durch und entscheide selbst, welche du umsetzen möchtest und welche sich eher weniger für dich persönlich eignen.

Tipp #1: Nimm dich und deine Gefühle ernst

Erkenne an, dass jedes Gefühl, das du empfindest, seine Daseinsberechtigung hat und entsprechend ernstgenommen werden muss. Rede deine Gefühle nicht klein, ziehe das, was du fühlst, nicht ins Lächerliche und schmälere die Bedeutung deiner eigenen Emotionen nicht. Viele Menschen gehen auf diese Weise mit ihren Gefühlen um, was weder gesund noch wertschätzend ist. Der Grund hierfür ist oft in der Angst vor den eigenen Gefühlen zu finden. Vor allem Männer halten es zudem manchmal für unmännlich, Gefühle zu haben oder diese gar zu zeigen, ignorieren ihre Gefühle in der Folge und tun sich damit absolut keinen Gefallen.

Tipp #2: Beobachte deine Gefühle und ihre Auswirkungen

Gehe achtsam mit deinen Gefühlen um und beobachte sie einfach nur. Nimm sie wahr, versuche, sie zu identifizieren aber vorerst nicht, sie zu beeinflussen und analysiere, wie sich das jeweilige Gefühl auf deine Gedanken und dein Handeln auswirkt. Berücksichtige dabei auch, welche Gedanken oder Handlungen das Gefühl möglicherweise ausgelöst haben könnten.

Tipp #3: Achte auf die körperliche Ebene

Wenn du Tipp zwei sicher umsetzen kannst, kannst du einen Schritt weiter gehen und die körperliche Ebene mit ins Boot holen. Welche Emotion ruft welche körperlichen Reaktionen hervor? Lerne, deine eigenen gestischen und mimischen Regungen, den Klang deiner Stimme und deine Körperhaltung in Bezug auf verschiedene Emotionen einschätzen zu können.

Tipp #4: Übe das nichtwertende Fühlen

Übe dich darin, Gefühle nicht direkt den Kategorien "gut" oder "schlecht" zuzuordnen. Nur wenn dir das gelingt, kannst du ein Gefühl ganz wertungsfrei empfinden und Details über verschiedene Emotionen und darüber, wie du sie persönlich empfindest, in Erfahrung bringen.

Tipp #5: Entwickle ein Interesse für die Gefühle anderer

Wenn du dich grundsätzlich nicht für die Emotionswelt anderer Menschen interessierst, möchtest du deinen EQ vielleicht gar nicht steigern - was auch in Ordnung ist. Schließlich hat jeder Mensch unterschiedliche Interessen und Begabungen. Solltest du allerdings an deiner emotionalen Intelligenz arbeiten wollen, kommst du nicht darum herum, ein Interesse für die Gefühle der Menschen um dich herum zu entwickeln.

Tipp #6: Setze dich mit verschiedenen Emotionen auseinander

Befasse dich mit verschiedenen Emotionen und deren Erkennungsmerkmalen. Die fünf Grundemotionen und deren mimische Folgen kennst du aus Kapitel 3. Um deine Fähigkeit, die Gefühle anderer Menschen einschätzen zu können, zu schärfen, kannst du dich zum Beispiel mit den Mikroexpressionen - einem sehr spannenden Thema - auseinandersetzen oder weitere Informationen zu Gestik, Körperhaltung und Sprache sammeln.

Tipp #8: Erkenne, dass Gefühle individuell unterschiedlich sind

Mache nicht den Fehler, davon auszugehen, dass deine Empfindungen in Bezug auf ein Gefühl denen anderer Menschen exakt entsprechen. Gefühle werden individuell unterschiedlich empfunden, sodass du hier nicht von dir auf andere schließen solltest. Emotionale Intelligenz bedeutet auch, die emotionalen Unterschiede zwischen Personen zu erkennen und anzuerkennen.

Tipp #9: Lege die Angst vor großen Gefühlen ab

Die meisten Menschen haben gewisse Berührungsängste, wenn es um starke, große und bedeutende Gefühle geht. Diese solltest du jedoch nach und nach konsequent abbauen. In Bezug auf deine eigenen Emotionen musst du an einen Punkt gelangen, an dem sie dich nicht ängstigen - es sei denn natürlich, das Gefühl ist Angst. Geht es um die Emotionen anderer Menschen, solltest du dich beispielsweise darin üben, nicht zurückzuschrecken, wenn jemand trauert, nicht auszuweichen, wenn Angst gezeigt wird und dich nicht abzuwenden, wenn jemand verzweifelt wirkt.

Tipp #10: Motiviere dich

Nutze kleine Erfolgserlebnisse und schöpfe Motivation aus ihnen. Das Erlernen von Fähigkeiten, die der emotionalen Intelligenz zugeschrieben werden, kann ein langwieriger Prozess sein. Durchhalten kannst du nur, wenn du jeden winzigen Fortschritt als solchen erkennst und dich dafür feierst. Zusätzlich kannst du dich zu Motivationszwecken daran erinnern, warum du deinen EQ überhaupt erhöhen möchtest.

EQ stärken - praktische Übungen zum Steigern der EI

Am einfachsten lässt sich hinsichtlich der emotionalen Intelligenz durch praktische Übungen eine Verbesserung erzielen. Deshalb findest du an dieser Stelle acht Übungen, die dir genau dabei helfen sollen.

Emotionale Achtsamkeit

Achtsamkeit ist die Fähigkeit, den Moment im Hier und Jetzt, wertungsfrei und mit allen verfügbaren Sinnen zu erleben. Die emotionale Achtsamkeit bezieht sich dementsprechend auf das achtsame Wahrnehmen von Gefühlen, ihren Auswirkungen und Gefühlsschwankungen. Diese kurzen und einfachen Übungen, die du ganz leicht in denen Alltag integrieren kannst, helfen dir dabei, deine emotionale Achtsamkeit zu verbessern:

✓ Stop-and-Feel

Diese Übung konzentriert sich auf deine Achtsamkeit in Bezug auf deine eigenen Emotionen. Halte in deinem Alltag kurz inne und nimm dir zwei bis drei Minuten Zeit, um den Blick nach innen zu richten. Frage dich: Was fühle ich in diesem Moment? Wie fühlt sich die Emotion an? Wie macht sie sich körperlich bemerkbar? Anschließend setzt du fort, was auch immer du für die Übung unterbrochen hast.

✓ Stop-and-Look

Wann immer sich die Situation ergibt, dass du einen Menschen beobachten kannst, ohne dass es für beide Parteien unangenehm wird, kannst du diese Übung durchführen. Achte auf Mimik, Gestik und Körperhaltung der jeweiligen Person und stelle Vermutungen über ihre Gefühlslage an.

✓ Stop-and-Listen

Die dritte kleine Übung zur emotionalen Achtsamkeit bezieht sich auf das Gespräch. Jede Unterhaltung, die du führst, kannst du im Sinne der Übung nutzen. Höre genau zu, was dein Gegenüber sagt, lausche aber nicht nur dem gesprochenen Wort, sondern achte auch auf die Sprechweise, die Wortwahl, das Sprechtempo und den Klang der Stimme. Versuche, daraus auf den Gefühlszustand deines Gegenübers zu schließen.

Emotionsanalyse

Um ein Gespür für deine Emotionen zu bekommen und diesbezügliches Wissen zu gewinnen, kannst du eine einwöchige Emotionsanalyse durchführen. In der ersten Spalte findest du ein Beispiel, das erläutert, wie die Tabelle auszufüllen ist. Analysiere täglich mindestens 2 Emotionen mithilfe der Tabelle, wobei im Bereich "Stärke" die Intensität der jeweiligen Emotion auf einer Skala von 1 (wenig intensiv) bis 5 (sehr intensiv) eingeschätzt werden soll.

TAG	Emotion	Stärke	Gedanken	(Möglicher) Auslöser
	Wut	*3*	*Wie kann man so beschissen Auto fahren? Hat der seinen Führerschein im Lotto gewonnen?*	Schlechter Autofahrer vor mir auf der Landstraße.
1				
2				
3				
4				
5				

Was ist normal?

Im Zuge der Emotionsanalyse wird dir vermutlich aufgefallen sein, dass du dich die meiste Zeit über einfach nur "normal" fühlst. So geht es den meisten Menschen. "Normal" ist der Zustand, der zwischen davon abweichenden Emotionen eingenommen wird. Es geht dir weder sonderlich gut, noch irgendwie schlecht - normal eben. Leider ist "normal" aber keine Emotion. Es kann daher ganz spannend sein, einen genaueren Blick auf dieses "normal" zu werfen und herauszufinden, welche Gefühle deinen "Normalzustand" kennzeichnen. Hierfür kannst du mitunter die Übung "Stop-and-Feel", die du bereits kennst, nutzen. Zusätzlich kannst du folgendermaßen vorgehen:

1. Erstellen eines Emotionsbogens

Schnapp dir ein Blatt Papier und einen Stift. Nutze den Stift, um alle Emotionen aufzuschreiben, die du kennst und die du schon einmal gefühlt hast. Falte das Papier geschickt zusammen und trage es bei dir.

2. Anwendung im "Normalzustand"

Wenn du dich "normal" fühlst, holst du den Emotionsbogen hervor und gehst alle notierten Emotionen durch. Dabei überprüfst du jeweils einzeln, ob diese Emotion möglicherweise einen Teil des Normalzustands bildet. Ist das absolut nicht der Fall, umkreist du die Emotion rot. Ist es durchaus denkbar, umkreist du sie grün und wenn du dir nicht sicher bist, verzichtest du auf das Umkreisen. Landest du einen Volltreffer und findest eine Emotion, die für dich definitiv den "Normalzustand" kennzeichnet, rahmst du sie in blauer Farbe dick ein.

3. Schritt für Schritt zum Ziel

So gehst du immer wieder vor. Klar ist, dass sich "normal" nicht ausnahmslos immer exakt gleich anfühlt. In der Regel besteht aber eine gewisse Tendenz dazu, dass sich dein "normal" häufig aus denselben Emotionen zusammensetzt. Je öfter du den Emotionsbogen durchgehst und Emotionen ausschließt oder hervorhebst, desto näher kommst du der emotionalen Essenz deines "Normalzustands der Emotionen".

Der emotional intelligente Zuhörer

Ganz nach dem Motto "Reden ist Silber, Schweigen ist Gold", sollst du mit dieser Übung ganz genau zuhören. Nimm dich im Gespräch zurück und lasse dein Gegenüber, wenn möglich, den Großteil der Unterhaltung bestreiten. Nutze deine Gestik, deine Körperhaltung und deine Mimik, um deinem Gegenüber Feedback zu geben. Bemühe dich zum Beispiel, an den richtigen Stellen sehr interessiert zu wirken, dann mal nachdenklich oder auch verwirrt und fragend dreinzuschauen. So verbesserst du das Gespür für deine Außenwirkung und kannst direkt testen, inwiefern du Menschen ganz ohne Worte beeinflussen und sanft lenken kannst. Versuchst du beispielsweise, fragend auszusehen und dein Gegenüber erklärt das Gesagte daraufhin genauer, sind deine mimischen Signale perfekt angekommen.

Der emotional intelligente Erzähler

Im Gegensatz zur vorigen Übung, nimmst du nun die Rolle des hauptsächlich Sprechenden ein. Es ist eigentlich egal, worüber du sprichst. Das Sprechen über deine Gefühle hat den zusätzlichen Vorteil, dass du dich direkt darin übst, deine Emotionen klar zum Ausdruck zu bringen und diesbezügliche Hemmungen abbauen kannst. Je nach Gesprächspartner kann ein solches Gesprächsthema aber natürlich unangemessen sein und nicht infrage kommen. Achte beim Sprechen auf deine Stimme, deine Mimik und deine Gestik und beobachte die Reaktionen deines Gegenübers.

Die Sache mit dem Mitgefühl

Du würdest so gerne mitfühlend sein, hast aber tatsächlich große Schwierigkeiten, Mitgefühl zu empfinden? Dann ist diese Übung perfekt für dich. Sieh dir einen emotionslastigen Film - für den Einstieg am besten einen richtig romantischen Liebesfilm oder ein Drama - an. Kommt es zu einer emotionsgeladenen Szene, stoppst du das Bild und versuchst, dich in die jeweilige Person hineinzuversetzen. Zunächst musst du natürlich identifizieren, welche Gefühle diese Person wohl gerade spürt. Dann hältst du dir deren Situation vor Augen und nimmst dir Zeit, um zu verstehen, warum sie sich so fühlt. Schließlich schließt du die Augen und bemühst dich, ihre Gefühle in dir aufkommen zu lassen. Je öfter du so vorgehst, desto leichter wird es dir fallen, mitfühlen zu können und desto stärkere Gefühle wirst du heraufbeschwören können.

Emotionskontrolle

Zu guter Letzt widmen wir uns der Emotionskontrolle - der Königsdisziplin der emotionalen Intelligenz. Diese Übung ist als Ergänzung zur Tabelle aus Kapitel 4 zu verstehen und soll dir dabei helfen, herauszufinden, wie du verschiedene Emotionen kontrollieren kannst. Schließlich funktioniert das bei jedem Menschen ganz individuell. In der ersten Zeile findest du wieder ein Beispiel. In den "Maßnahmen"-Spalten trägst du das ein, was du unternommen hast, um die Emotion zu kontrollieren, also um deren Intensität schrumpfen oder steigen zu lassen. Die "P"-Spalten beinhalten wieder eine Punktbewertung von 1 (hat gar nicht funktioniert) bis 5 (hat sehr gut funktioniert). Am Ende der Tabelle findest du einige leere Felder, die du mit den Emotionen befüllen kannst, die du persönlich gerne besser kontrollieren können würdest.

Emotion	Maßnahme 1	P	Maßnahme 2	P	Maßnahme 3	P
Wut	*Tief durchatmen*	**4**	*Bewusst lächeln*	**2**	*Zurückziehen und laut schreien*	**5**
Wut						
Trauer						

Freude						
Angst						
Eifersucht						
Frust						

Auch wenn du letztendlich selbst herausfinden musst, was für dich funktioniert, soll es dir nicht an Inspiration fehlen. Diese Maßnahmen bieten sich oft an:

- ✓ Tief durchatmen
- ✓ Bewusst an etwas anderes, beispielsweise an etwas Schönes, Trauriges oder Lustiges, denken
- ✓ Eine Handlung durchführen, die - je nach Ziel (Verstärkung oder Schwächung der Intensität) - die gegebene Emotion unterstützt oder ihr absolut widerspricht
- ✓ Den Grund für die gewünschte Emotionskontrolle visualisieren
- ✓ Einen Song hören, der die jeweilige Emotion verstärkt oder ihr entgegenwirkt
- ✓ Mimik und Gestik bewusst der gegebenen Emotion oder einer entgegengesetzten Emotion anpassen
- ✓ Sich an eine Situation erinnern, in der man sich genauso oder aber entgegengesetzt gefühlt hat

Sei experimentierfreudig und probiere aus, was auch immer dir in den Sinn kommt. Je mehr du ausprobierst, desto mehr Maßnahmen kannst du finden, die dich bei der Emotionskontrolle unterstützen.

Den EQ anderer Menschen einschätzen - so geht's

Du fragst dich, wie du die emotionale Intelligenz anderer Menschen einschätzen kannst? Hierfür gibt es verschiedene Herangehensweisen, die wir uns nun ansehen.

Der Verhaltens-Check

Beobachte die Person, deren EQ du einschätzen möchtest, über einen längeren Zeitraum möglichst genau und achte dabei darauf, ob sie Verhaltensweisen an den Tag legt, die typisch für Menschen mit einem hohen oder niedrigen EQ sind. Informationen zu solchen Verhaltensweise findest du zum Beispiel in Kapitel 6. Dennoch folgt hier eine kurze Aufzählung von Adjektiven, die auf viele emotional intelligente Menschen zutreffen:

- ✓ aufmerksam
- ✓ hilfsbereit
- ✓ kommunikationsfreudig
- ✓ kontaktfreudig
- ✓ wortgewandt
- ✓ flexibel
- ✓ kompromissbereit
- ✓ kritikfähig
- ✓ authentisch
- ✓ empathisch
- ✓ zuverlässig

Das Gespräch über Gefühle

Führe ein Gespräch, das darauf hinausläuft, dass dein Gegenüber etwas über seinen Gefühlszustand preisgibt. Achte dann darauf, in welcher Art und Weise es seine Gefühle beschreibt. Wer sich extrem kurz fasst, obwohl sich die gegenseitige Beziehung eigentlich auf einer Ebene befindet, auf der man schon mal über Gefühle reden kann, hat vermutlich einen weniger hohen EQ. Wer dagegen mitteilungsfreudig ist und seine Gefühle auffallend gut beschreiben kann, ist wahrscheinlich mit einem hohen EQ ausgestattet.

Die Bitte

Bitte die Person um einen Gefallen, von dem du weißt, dass er nicht ausgeschlagen, aber auch nicht sonderlich gern angenommen wird, und beobachte die Reaktion ganz genau. Ein emotional intelligenter Mensch wird annehmen und dich dabei nicht spüren lassen, dass du eigentlich zu viel verlangst. Der emotional weniger intelligente Mensch wird ebenfalls annehmen, aber du wirst deutlich mitbekommen, dass er das nur ungern tut.

Sei schlau, stell dich dumm

Im Gespräch mit der jeweiligen Person, teilst du mit, dass du eine ihrer Aussagen nicht verstanden hast. Die Person mit hohem EQ wird die Aussage prompt umformulieren und dir gerne erklären, was genau sie gemeint hat. Bei der Person mit niedrigerem EQ wird dein Unverständnis zu Frust oder Genervtheit führen, was sich in der folgenden Erklärung widerspiegelt.

Das Problem

Bitte um Hilfe bei einem Problem, zum Beispiel in Form von der Suche nach Lösungen oder von emotionalem Beistand. Emotional intelligente Menschen werden dich in angemessener Weise unterstützen können, während weniger begabte Personen auf diesem Gebiet zwar möglicherweise auch helfen, aber vor allem in Bezug auf den emotionalen Beistand nicht wissen, wie sie dir helfen können.

All diese Methoden können dir lediglich Indizien liefern. Ohne einen wissenschaftlichen Test lässt sich der EQ nun mal nicht zuverlässig bestimmen. Dies solltest du stets im Hinterkopf behalten und Personen, die sich nach deinen Beobachtungen als wenig emotional intelligent herausstellen, keinesfalls vorverurteilen. Das würde, nebenbei bemerkt, auch nicht gerade für deine eigene emotionale Intelligenz sprechen.

Kapitel 9: Fragen und Antworten

Du bist am Ende dieses Buches angekommen und hast vermutlich reichlich Input zu verarbeiten. Deshalb halten wir es kurz und werfen zum Abschluss einen Blick auf einige Fragen, die das Thema EI besonders häufig aufwirft.

Muss ich überhaupt emotional intelligent sein?

Nein. Kein Mensch muss einen hohen EQ haben und ein solcher sagt nichts über den Wert eines Menschen aus. Allerdings hat sich gezeigt, dass emotional intelligente Personen beruflich und privat oft erfolgreicher sind und im Alltag von vielen Vorteilen profitieren (siehe Kapitel 6). Es handelt sich also um ein Wollen und keinesfalls um ein Müssen.

Wie kann ich feststellen, dass mein EQ steigt?

Entweder, indem du regelmäßig entsprechende Tests durchführst, oder, indem du dich selbst achtsam beobachtest, Selbstreflexion zur Gewohnheit machst und deine Fortschritte so ganz automatisch erkennst.

Dank meinem EQ weiß ich genau, wie ich Menschen dazu bringen kann, das zu tun, was ich von ihnen verlange. Macht mich das zu einem schlechten Menschen?

Die Fähigkeit alleine macht dich eindeutig nicht zu einem schlechten Menschen. Wichtig ist, ob und wie du diese Kompetenz einsetzt. Generell ist es schwierig, Menschen in "gut" und "schlecht" einzuteilen. Kein Selbstmordattentäter oder Diktator der Welt hält sich selbst für "schlecht". Ob gut oder schlecht ist letztendlich immer eine Frage der Perspektive. Nutzt du deine Fähigkeiten allerdings dazu, andere Menschen grob auszunutzen und sprichwörtlich rücksichtslos über Leichen zu gehen, würde dies sicherlich von vielen als "schlecht" bezeichnet werden.

Durch meine emotionale Intelligenz fällt es mir schwer, mich gefühlsmäßig zu distanzieren. Deshalb leide ich stark unter den Gefühlen anderer. Was kann ich tun?

In diesem Fall ist dir zu raten, dich in Distanz zu üben. Eventuell könnte dir professionelle, psychotherapeutische Unterstützung eine Hilfe sein. Schließlich ist es wahrlich nicht immer einfach, Mitgefühl nicht zu Mitleid werden zu lassen (siehe Kapitel 5).

Gibt es einen zentralen Tipp, den man Menschen, die ihren EQ steigern wollen, geben kann?

Auch wenn diese Frage - und somit auch ihre Antwort- natürlich eine sehr subjektive Qualität besitzt, soll dir kein wichtiger Tipp vorenthalten bleiben: Der Weg zu mehr emotionaler Intelligenz kann steinig und lang sein und hat kein klar definiertes Ziel. In Sachen EQ lernt man nie aus, kann sich dabei aber immer sicher sein, dass jeder Schritt ein lohnenswerter ist.

Schlusswort

Wenn dir dieses Buch gefallen und geholfen hat, dann würde ich mich sehr über dein Feedback freuen. So kannst du anderen Menschen ebenfalls dabei helfen, dass sie mehr über die Emotionale Intelligenz erfahren, sich diese zu Nutzen machen und so ihr Leben bereichern können.

www.amazon.de/ryp

Ich wünsche dir auf deinem Weg mit der Emotionalen Intelligenz nur das Beste.

Johannes Lichtenberg

Weitere Werke von KR Publishing

Konfliktfrei durch
Gewaltfreie Kommunikation

- Johannes Lichtenberg -

In diesem Buch erfährst du:

- ✓ Wie du Konflikte gewaltfrei löst.
- ✓ Wie du eine Beziehungen langfristig verbessern kannst.
- ✓ Wie du deine Gesprächspartner unbemerkt analysieren kannst.

Und noch Vieles mehr!

Die Klartraum Methode

- Paula Weinbach -

In diesem Buch erfährst du:

- ✓ Wie du jeden Tag zusätzlich einige Stunden an wertvoller Zeit gewinnst.
- ✓ Wie du dein Unterbewusstsein erforschen und programmieren kannst.
- ✓ Wie du komplexe Probleme im Schlaf löst und kreativer wirst.

Und noch Vieles mehr!

Intervallfasten *für Frauen*

- Pauline Höppner -

In diesem Buch erfährst du:

- ✓ Wie du ohne Sport effektiv und langfristig abnehmen kannst.
- ✓ Wie du nur mit einer Stoppuhr dir die Kilos schmelzen lässt.
- ✓ Wie du ohne Verzicht deine Wunschfigur erreichen kannst

Und noch Vieles mehr!

Best of ALLGEMEINWISSEN

- Frederik Holm -

In diesem Buch erfährst du:

- ✓ Warum Allgemeinwissen so wichtig ist.
- ✓ Wie du Allgemeinwissen am besten und leichtesten lernen und behalten kannst.
- ✓ Umfassendes Allgemeinwissen zu 16 verschiedenen Themen.

Und noch Vieles mehr!

Lust auf mehr? Unser Geschenk an dich!

Vielen Dank für den Kauf von diesem Buch und deinem damit verbundenen Vertrauen in uns als Herausgeber und in Johannes Lichtenberg als Autor dieses großartigen Buchs. Das bedeutet uns wirklich viel, weshalb wir dir den Ratgeber „Habit Hacks - 10 unscheinbare Schlüssel Gewohnheiten, die dein Leben verändern," als Download schenken - vollkommen gratis! Zudem möchten wir dir die Möglichkeit eines direkten Austauschs mit dem Autor anbieten. So kannst du z.B. deine Fragen, dein Feedback oder deine Anregungen Johannes zukommen lassen - eine tolle Möglichkeit für die Kommunikation zwischen Leser und Autor!

Diese kleinen und unscheinbaren Schlüssel Gewohnheiten verändern dein Leben - erfahre:

- ✓ wie eine kleine Veränderung beim Duschen deine Disziplin stärkt und dir einen Energiekick verschafft...
- ✓ wie eine Prise Salz dir einen Kickstart am Morgen verschaffen kann...
- ✓ wie eine kleine Einstellung an deinem Smartphone & Computer deinen Schlaf verbessert...
- ✓ und noch weitere geniale und unscheinbare Habit Hacks!

Wenn du bereit bist, dein Leben mit einigen simplen Habit Hacks auf das nächste Level zu bringen, dann gehe jetzt auf

www.KRPublishing.de/eq

und sichere dir dein kostenloses Exemplar als digitalen Download.

Impressum

Herausgeber:

KR Publishing UG (haftungsbeschränkt)
Mundsburger Damm 26
22087 Hamburg
Deutschland